JN416693

한림신서 일본학총서 83

메이지 유신과 서양 문명

—이와쿠라 사절단은 무엇을 보았는가

MEIJI ISHIN TO SEIYO BUNMEI(메이지 유신과 서양 문명)
by Akira Tanaka
©2003 by Akira Tanaka
Originally published in Japanese in 2003 by Iwanami Shoten, Publishers, Tokyo.
This Korean language edition published in 2006
by the Institute of Japanese Studies, Asia Research Center, Hallym University,
by arrangement with the author c/o Iwanami Shoten, Publishers, Tokyo.

한림신서 일본학총서 83

메이지 유신과 서양 문명

—이와쿠라 사절단은 무엇을 보았는가

다나카 아키라 지음 | 현명철 옮김

小花

한림신서 일본학총서 83
메이지 유신과 서양 문명

초판 3쇄발행 ▪ 2023년 1월 10일

지 은 이 ▪ 다나카 아키라
옮 긴 이 ▪ 현명철

발 행 인 ▪ 한림대학교 일본학연구소
발 행 처 ▪ 도서출판 소화
등 록 ▪ 제13-412호
주 소 ▪ 서울시 영등포구 버드나루로 69
전 화 ▪ 2677-5890(대표)
팩 스 ▪ 2636-6393
홈페이지 ▪ www.sowha.com

ISBN 978-89-8410-298-9 94080
ISBN 978-89-8410-105-0 (세트)

잘못된 책은 언제나 바꾸어 드립니다.

값 9,000원

책머리에

메이지 유신은 19세기 후반 동아시아에 있는 일본이 근대국가로 변모한 일대 변혁, 즉 혁명이었다. 이 혁명은 막부 말기의 구로후네(黑船, 페리 제독이 이끈 미 함대)의 도항을 전후한 시기로부터 도쿠가와 막부가 무너지는 과정과 메이지 이후의 근대국가 건설 과정이라는 두 프로세스로 나눌 수 있다. 이를 다른 말로 표현한다면, 외적인 개국이 내적인 개국으로 전화하는 과정이라고 할 수 있다.

이 내적인 개국, 즉 구미의 근대문명 · 문화를 일본이 어떻게 주체적으로 받아들이려고 하였는가를 염두에 두면서, 메이지 4년(1871)에 국가적 사명을 띠고 요코하마(横浜)항을 떠나서 약 2년간 미국과 유럽을 시찰한 이와쿠라(岩倉) 사절단과 그 공적 보고서 『특명전권대사미구회람실기』(特命全權大使米歐回覽實記)를 통하여 주제에 접근하고자 하는 것이 이 책의 과제이다.

원래 『메이지 유신(明治維新)과 서양 문명』이라는 이 책의 큰 과제에 접근하기 위해서는, 메이지 계몽주의 시대를 둘러싼 역사를 전면적으로 분석할 필요가 있으며, 거기에는 다양한 접근 방법이 있다. 그러나 이 책에서는 지금까지 필자가 행해 온 이와쿠라 사절단과 『미구회람실기』(米歐回覽實記) 연구를 바탕으로 접근하고자 한다.

내가 『회람실기』(回覽實記) 원본 5권을 가방 속에 넣고, 미국 하버드 대학 동아시아연구센터에서 1년여 체류하면서, 이와쿠라 사절단의 코스를 추적 조사하였던 것은 1974～1975년의 일이었다. 귀국 후에 『회람실기』를 이와나미(岩波) 문고판에서 교정 · 교주, 그리고 해설을 담당하였을 때에 이때의 경험이 크게 도움이 되었다. 또 1980～1981년 인도네시아 대학에 부임한 경험도, 『회람실기』에 있는 동남아시아 기술을 검토하는 데에 유효하였다.

『미구회람실기』 문고판이 나온 후, 구미 각국에 이 책을 지참하는 것이 용이하게 되었다. 그리하여 각 나라별 연구도 점차 진척되어 그 이해가 깊고 넓어졌다.

1997년, NHK 텔레비전에서 1월 1～3일 3회에 걸쳐 방영한 "일본의 좌표축 이와쿠라 사절단에서 보이는 현대의 선택"에서, 캐스터 야마무로 히데오(山室英男) 씨는 이 『미구회람실기』야말로 1945년 일본이 패전한 직후 재출발에 임하였을 때 꼭 읽어야 했던 책이라고 강조하였다.

또 이시도 세이린(石堂淸倫) 씨는 2001년판 저서 『20세기의 의

미』(平凡社)에서, 『미구회람실기』에 보이는 역사적 복류로서 소국에의 길을 계보화하여 전후 일본국 헌법과 연결한, 나의 저서 『소국주의』(岩波新書, 『소일본주의』로 도서출판 소화에서 출간)를 평하여, "이 책이 1999년이 아니라 1930년에 나왔다면 좋았을 것이다"라고 말하고 있다. 그것은 나의 저서를 말한 것이라기보다는 『미구회람실기』에 보이는 일본 근대국가의 선택 틀, 즉 대국과 소국의 발상을 둘러싸고 역사적으로 어떻게 자리매김할 것인지, 그 소국 선택의 문제에 주목하여 내린 평가라고 보인다.

이러한 의미에서도 이와쿠라 사절단과 그 보고서 『미구회람실기』의 검토는 중요하다고 할 수 있다. 그것은 현재의 국제관계를 포함한 복잡한 상황 속에서 일본이 21세기를 향해 나아갈 때 『미구회람실기』로부터 많은 시사를 얻을 수 있기 때문이다.

일본은 스스로 주체적으로 가담하였던 전쟁의 20세기를 엄격히 반성하고, 이를 극복하지 않으면 안 된다. 그러기 위해서 어떠한 이념과 정치철학을 세계에 주장할 것인지 지금 대답하여야 한다. 이 책에서 고찰한 내용이 다소나마 이러한 현재 문제에 자극이 될 수 있다면 다행이겠다.

태 평 양
샌프란시스코
북아메리카
워싱턴
1872.2.29
보스턴
대 서 양
코펜하겐
브뤼셀
베를린
1873.3.9
비쿠
빈
런던
1872.8.17
파리
베른
로마
1873.5.11
아프리카

이와쿠라 사절단 경로도

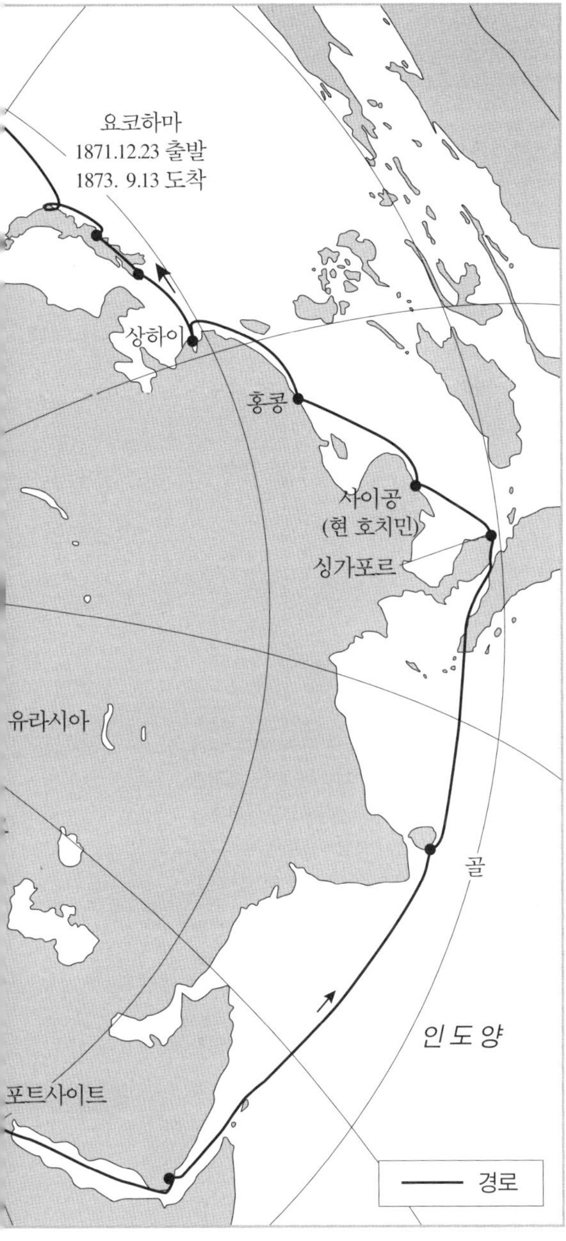
요코하마
1871.12.23 출발
1873. 9.13 도착
상하이
홍콩
사이공
(현 호치민)
싱가포르
유라시아
골
인도양
포트사이트
경로

【범례】

- 구메 구니타케(久米邦武) 편, 『특명전권대사 미구회람실기』(特命全權大使 米歐回覽實記, 전 5권, 메이지 11년 10월, 태정관 기록청 간행, 실제로는 12월 간행, 박문사. 본문에서는 『미구회람실기』 또는 『회람실기』, 혹은 『실기』라고 약칭함)는 모두 岩波文庫판(전 5권, 이와나미서점, 1977~1982년)에 의거한다.
- 연월일은 때에 따라서는 일본의 원호 표기와 서력 표기를 병용하였다. 메이지 6년 1월 1일 이전은 음력이고, 이후는 모두 양력이다.
- 『실기』 인용의 권과 페이지의 표기는, 예를 들어 제1책 50항의 경우 一, 50으로 표현하였다.

차례

I. 메이지 유신과 『미구회람실기』(米歐回覽實記)

이와쿠라 사절단의 수뇌부. 좌로부터 기도 다카요시(木戶孝允), 야마구치 마스카(山口尙芳), 이와쿠라 도모미(岩倉具視), 이토 히로부미(伊藤博文), 오쿠보 도시미치(大久保利通)

1. 이와쿠라 사절단의 파견—서양 문명과의 접점

이와쿠라 사절단의 수뇌들

앞표지에 실린 이와쿠라(岩倉) 사절단 수뇌부 사진은 거의 모든 교과서에 실려 있으므로 친근한 느낌을 줄 것이다. 전권대사 이와쿠라 도모미(岩倉具視)를 중심으로, 그 양측에 부사(副使) 기도 다카요시(木戶孝允)와 오쿠보 도시미치(大久保利通)가 양복을 입고 비단 모자를 들고 앉아 있다. 이토 히로부미(伊藤博文)와 야마구치 마스카(山口尙芳)도 양복을 입고 서 있다.

이 사진은 일행이 미국에 도착한 직후인 1872년 1월 23일, 샌프란시스코 브랏드레&라로프슨 사진관에서 찍은 것이라고 한다. 사진을 잘 보면 이와쿠라(岩倉)는 일본식 상투머리에 일본식 정장(하오리와 하카마)을 입고 있으나, 서양식 구두를 신고 있다. 대사의 복장은 화복과 양복을 절충한 모습이며, 부사는 모두 양복을 입고 있다. 잘 보면, 각 부사의 윗옷 주머니에 있는 회중시계 줄까지 부사들의 양복은 같은 것이다. 사진관에 준비된 양복을 입은 것으로 생각되며, 서양식 일색이다. 결국 사절단 수뇌는 일본식과 서양식의 혼용이라 할 수 있고 좀더 서양식에 경도되어 있다.

일본식 정장을 하고 있는 이와쿠라도 회람 도중에는 완전히 서양식으로 변화하여 간다. 그리하여 멤버 중 한 사람인 사사키 다카유키(佐佐木高行: 이사관 · 사법대보, 훗날 메이지 천황 시보)는, 사절이 양복을 입는 것은 시세로서는 어쩔 수 없지만, 대사까지 도중에 양복으로 바꿔 입은 것은 무슨 일인가 하고 일기에서 분노의 글을 남기고 있다.

여기에 서양 문명에 끌려 들어가는 이와쿠라 사절단의 모습이 있다. 동시에 그것은 근대화를 추구하는 당시 일본 정부의 자세이기도 했다.

일본과 서양의 마찰

막부 관료 출신이었던 서기관 대부분은 막부 말기에 이미 외국 체험을 하였고, 따라서 외국어도 잘 하는 국제통이었다. 그러나 수뇌부나 이사관 대다수는 외국 체험이 이때가 처음이었다. 이토를 제외하고는 이와쿠라도 기도(木戶)도 오쿠보(大久保)도 모두 처음이었다. 이와쿠라 사절단은, '구막부'와 '신정부'의 혼합 집단이었다. 그리하여 구막부 출신의 서기관은 심술을 부린다. '유신의 복수를 받는 모습'이라고 사사키는 앞서의 일기에 기록하고 있다.

그러므로 반발도 일어난다. 서기관들이 "수프를 먹을 때에 혹은 수저와 포크를 사용할 때에는 소리를 내지 말라. 보이를 부를 때에는 낮은 소리로 부르고, 식탁에서의 예절은…"이라고 의견을 내어 대사가 이를 받아들인 다음 일동에게 주의를 주면, 구성원인 무사들이 반발행동에 나섰다. 급사에게 일부러 큰 소리로 그것도 명령조로 말하고, 수프를 마실 때에는 두 손으로 접시를 들어서 소리를 내면서 마시거나 크게 입맛을 다시기도 하였다. 사쓰마(薩摩) 출신 무라타 신파치(村田新八: 쓰네미치, 요코하마 출항시 36세. 귀국 후 서남전쟁에서 사이고군에 참가하여 전사함) 같은 경우는 미국식 커다란 비프 스테이크를 오른손에 든 포크로 찍어 올려서 입으로 찢어 먹었다고 한다.

다른 문명 · 문화의 접점에서 일어나는 이러한 정경은 사절단의 인간성을 보여 주는 것이라고도 말할 수 있겠지만, 동서양 문명이 만나는 문화적 마찰의 한 모습이라고 말할 수 있을 것이다.

새로운 세계에 대응

이러한 마찰을 넘어서 새로운 세계에 대응할 수 있기 위해서는 여러 능력이 필요하지만, 그 하나가 사절단 구성원의 젊음을 들 수 있다. 연장자인 이와쿠라가 47세, 기도와 오쿠보가 각각 39세와 42세, 야마구치(山口)는 33세, 이토(伊藤)는 31세였다. 구성원 중 최연소자인 나가노 후미아키라(長野文炳: 사사키 이사관을 수행, 훗날 대심원 판사가 됨)는 겨우 18세였다. 출발시 46명의 평균연령은 약 32세였다. 사절단은 20~30대를 중심으로 편성되어 있었던 것이다.

이 사실이야말로 다른 문화 · 문명을 참신하게 긍정적으로 바라보고 또 탐욕스럽게 받아들일 수 있는 대응력과 수용력을 가질 수 있었던 이유의 하나라고 해도 좋을 것이다. 변혁기에 세대교체에 의한 이러한 특색은 기존의 오래된 틀에 구속되지 않는 새로운 역사를 창출하여 간다.

일본과 서양의 합류

이 이와쿠라 사절단은 워싱턴에 도착하자, 의회를 방문하고 하원의장의 환영 대표연설을 받았다. 의장은 다음과 같이 말하였다.

> 아메리카 대륙에서 서쪽으로 향한 '정복과 약탈을 꿈꾸었던 우리들의 진로' 가 '일본에서 동으로 향한 역류' 와 맞닥뜨렸다. 그 흐름은 '전리품' 을 추구하는 것이 아니고 '보다 빛나는 평화의 승리를 구한 것' 이었다. 이 두 흐름이 '적절한 때를 만나서 위대한 태평양 연안에서 합류한 것' 이다.

여기에 대해 전권대사 이와쿠라는, 답사에서 사절단으로서의 자신들의 여행(지구를 한 바퀴 돌아서 조사를 행하는)이 끝났을 때에, 일본은 새로운 한 걸음을 내딛을 수 있으리라 명심하면서 지식의 보물을 모을 것이라고 말하고, 나아가 다음과 같은 결의를 표명하였다.

> 일본 정부는 자국 및 모든 국가에 대해 문명개화 정책을 취해

야 하는 중요성을 이미 올바르게 인식하고 있으며, 귀국하여서는 사절단에 대해 지금까지 보여 준 관대한 귀국의 우정을 일본 국민들에게 우리 사절단 모두의 이름으로 알리게 될 것입니다(「국회의 일본인」 1872년 3월 7일자 『뉴욕 타임스』, 『외국 신문에 보이는 일본』 제1권, 마이니치 코뮤니케이션즈, 1989년).

여기에는 서양 문명과의 접점에 선 이와쿠라 사절단의 목표와 사명감이 표명되어 있다.

사절단의 실정(實情)

이와쿠라 사절단의 진용을 좀더 상세히 살펴보자. 일행에는 우대신 이와쿠라 도모미가 특명전권대사로, 부사로서는 참의 기도 다카요시, 대장경 오쿠보 도시미치, 공부대보 이토 히로부미, 외무소보 야마구치 마스카가 참가하고 있음은 앞에서 언급하였다. 서기관으로는 막부 출신자가 많았음도 언급하였다. 각 성에서 파견한 이사관 밑에는 몇 명의 테크노크라트(기술관료)가 팀을 이루고 있었다. 요코하마 출항시 인원수는 46명이었다(동시에 발령을 받은 또 한 사람은 미국에서 현지 참가함. 권말 부표 2에서 그 이름을 들었다).

그러므로 사절단은 메이지 유신 실력자를 포함한 수뇌부와 실무진으로 구성되었으며 막부 출신의 서기관과 막부 타도파의 사람들이 혼재된 오월동주 집단이었다고 할 수 있다. 이 집단은 막번 체제 하의 문화 축적과 새로운 근대국가 창출 의욕이 결합된 사명감에 넘치는 사람들로 구성되었다. 이러한 특징이 다음에 서술하는 『미구회람실기』로 결실을 맺게 된다.

나아가 사절단에는 수뇌부의 종자 18명, 전 다이묘(大名) 출신자나 다채로운 인재가 포함된 유학생 43명(그중 5인은 여자 유학생)이 동행하였다. 이러한 동행자를 포함하면 총수는 107명이었다.

사절단 정식 구성원은 미국에 들어서자 몇 개의 조사 팀으로 나뉘어 활동하였다. 그러므로 그들의 귀국 시기에는 차이가 있으며, 이와쿠라의 본대는 1년 10개월 동안 서양 12개국(당초 예정은 10개월에 14개국)을 회람하였다(앞의 지도 참조). 다만 유수(留守) 정부로부터의 요청이 있어서 기도와 오쿠보는 도중에 귀국하였다.

이 이와쿠라 사절단의 공식적이고 공약수적인 보고서가 전 100권으로 구성된 『특명전권대사 미구회람실기』(特命全權大使 米歐回覽實記)인 것이다. 이 책은 대사를 수행하였던 구메 구니타케(久米邦武)가 편수하고 메이지 11년 10월 태정관 기록부에서 간행하였다.

2. 『미구회람실기』의 서양 이해

『미구회람실기』의 집필자

이 이와쿠라 사절단의 보고서 『미구회람실기』를 편수하고 집필

구메 구니타케

한 것은 구메 구니타케(1839~1931)이다. 구메에 대해 간단히 설명하자.

그는 1830년대 덴포기(天保期)에 히젠(肥前) 사가(佐賀)에서 태어나, 다케이치로(丈一郎)·다케이치(丈市)라고도 불리었으며, 후년 호를 에키도(易堂)라 하였다. 16세부터 번교(藩校)인 홍도관(弘道館)에서 배웠으며, 1860년대 초 에도(江戶)에 유학, 고가 긴이치로(古賀謹一郎) 문하에 입문하여 창평판 학문소에서 배웠다.

돌아와서는 번주 나베시마 나오마사(鍋島直正)의 시종이 되었다. 이재에 밝은 부친의 영향을 받음과 동시에 번주 밑에서, 번주 나오마사의 모든 관심에 대답할 수 있는 넓고 깊은 교양을 몸에 익히기 위해 노력하였다(구메 구니타케,「泰東史談」,『久米邦武文書』 4). 구메의 한자 소양이나 서양에 관한 한역서를 통한 지식은 이렇게 키워졌다.

그러므로『실기』(實記)의 서술에는, 서양 문명이 그의 한자 실력을 기초로 모든 한자어를 구사하여 수용되고 있음이 보인다. 한문 훈독체를 기반으로 한 가나 혼용으로 격조 높은『실기』는, 메이지 초기의 기록문학·기행문학의 백미라고도 일컬어진다. 여기에는 오랫동안 축적된 유교 문화적 세계관도 스며 나오고 있으며, 유교 문명과 서양 문명의 접점과 갈등이 표출되기도 한다.

『실기』에는, 사절단의 일정진행 · 견문 · 통찰을 기록한 「실록」과 「논설」이 마치 백과사전과 같은 형태로 서술되어 있다.

버베크 의견서와 『실기』

『실기』 성립에 시사점을 준 사람은, 네덜란드계 미국인으로 메이지 정부에 고용된 외국인 버베크(Guid. H. F. Verbeck, 1830~1898)였다. 그는 영문 「브리프 스케치」를 일본 측에 제시하고, 「미국인 버베크가 은밀히 제출한 글」(木戸家文書: 국립역사민속박물관 소장. 여기에 대응하는 영문은 미발견)이라는 의견서를 제출하였다. 이 의견서에는 구체적인 보고서 작성 요령이 기록되어 있다. 여기에는 유럽에서는 사절들이 귀국하면 보고서를 제출하는 것이 통례이며, 그 때문에 '기자' 나 '도판 작성요원' 이 사절 구성원에 포함되는 경우가 많다고 하였다.

이 보고서에 의해 해외의 사실을 인민에게 알리는 계몽 효과를 얻고, 이를 통하여 정부의 위신과 명망 및 친근감 등을 양성하는 효과를 얻을 수 있음이 기술되어 있으며, 9항목에 걸쳐 저술 방법이 기술되고, 최후 10항목째에는 시찰해야 할 49항목이 열거되어 있다.

시찰해야 할 곳으로는 「그 나라 가옥 건축」, 「도읍의 명세」, 「숙박업소, 점포, 기타 가옥」, 「유명한 토지 및 광경」에서 시작하여 풍토 · 기후 · 해륙 운수 · 제도 · 풍속 · 종교 · 생활 · 교육 · 재정 · 정체 · 군사 등 각 분야의 항목이 열거되어 있다(日本近代思想大系 1, 『開國』 岩波書店, 1991년 수록).

그러므로 『실기』의 서술은 버베크의 의견서를 참조하면서 구메가 편수하여 독자적인 스타일로 작성한 것이다. 구메는 스기우라 히로조(杉浦弘藏: 3등 서기관)와 함께 현지에서 메모를 하고 도판을 준비하여 시각적인 보고서를 계획하여 『실기』를 만들었다.

또 많은 자료(번역을 포함)를 준비하여 동서고금을 망라한 서술을 하였으며, 일기풍의 「실황」(實況), 「실록」(實錄) 부분과 「논설」(論說) 부분을 구별한 서술방식을 취하고 있다. 사실과 주관을 명확히 하려는 후의 역사가로서의 구메의 발상이 여기서 이미 싹을 보이고 있다. 집필 준비를 위한 여러 사료 중의 하나가 구메 미술관(도쿄 시나가와구)에 소장되어 있는 『구미방무문서』(久米邦武文書)이다. 간행된 전4권 『구미방무문서』에 문서의 일부가 수록되어 있다.

보고서로서의 『실기』

또 구메는 사절단 보고서로서 『실기』 서술에 가능한 한 개인의 편견을 억제하려고 배려하고 있다. 『실기』의 「예언」(例言)에는 다음과 같이 기술되어 있다.

> 복명(復命) 후에 두어 번 교정을 하여, 이학 · 화학 · 통계 · 보고 ·

> 역사 · 지리 · 법정 등의 책을 참고로 하였으며, 각 이사관의 이사공정(보고서)에서 초록하거나 혹은 각 지역 관청에서 박사 문인에게 들은 이야기를 수집하여 예로 들어서 논설을 더하고, 때로는 여러 사람의 책을 인용한 글도 많다.

이처럼 『실기』의 집필은 고쳐쓰기를 거듭한 것이었다. 이는 구메 구니타케 문서에서도 확인된다. 현지의 취재나 각 분야의 문헌, 이사관의 보고서인 『이사공정』(理事功程. 나아가 동 시기에 파견되었던 좌원〈左院〉 시찰단의 『시찰공정』〈視察功程〉도 포함된다) 등 가능한 많은 자료에 의거하였으며, 때로는 '여러 사람의 글'을 마치 자신의 문장인 것처럼 인용하기도 하였다.

원래 편수 · 집필을 한 이가 구메인 이상, 메이지 초기의 한학자인 구메의 사상이 반영되고 있음은 부정할 수 없다. 그러나 『실기』는 구메라는 한 지식인의 사상이나 문명관으로서가 아니라, 어디까지나 이와쿠라 사절단이라는 근대국가 창출을 목표로 하는 집단의 서양 문명을 보는 관점이나 받아들이는 관점으로서 읽으려고 노력하여야 한다. 그것이 『실기』 편수자의 의도에 맞게 읽는 것이다.

문명발전단계설

이에 더하여, 다음 사실을 미리 지적해 두고 싶다. 그것은 『실기』가 메이지 8(1875)년에 간행된 후쿠자와 유키치(福澤諭吉)의

『문명론의 개략』과 같은 문명 발전 단계설을 취하고 있다는 점이다. 다시 말해 후쿠자와의 책은 지금까지의 일본의 역사관을 뒤집어서 서양 문명에 대해 일본과 중국은 반개(半開), 즉 '야만과 문명의 중간'으로 자리매김하였으며, 이는 19세기 중엽 영 · 미에 보급되어 있었던 역사의 발전 단계설에 기초한 것이었다(아놀드 크레이그 『福澤諭吉の歷史意識と文明開化』, 福澤記念選書 35, 慶應義塾大學, 1985년).

『실기』의 경우도 후쿠자와의 저작처럼 명확하지는 않지만, 서술 배경에 발전 단계설이 있었음을 읽을 수 있다(제7장 참조).

3. 『미구회람실기』 연구의 현 단계

잊혀졌던 『실기』

간단히 연구사를 살펴보면, 이와쿠라 사절단이 새롭게 인식되는 것은 1920년대 중반이었다. 당초는 사절단의 개략이나 유신경제사에서 그 의미가 논의되었다. 그러나 연구는 이후 외교사 연구로 방향이 바뀌었고, 이러한 경향은 전후까지 계속되었다. 그러나 사절단의 큰 목적의 하나인 불평등조약 개정 교섭이 실패하였다는 사실에서 사절단에 대한 평가는 결코 높은 것이 아니었다. 또

『실기』가 외교 문제를 언급하지 않았기 때문에 그 존재조차 사람들로부터 점차 멀어지고 잊혀지게 되었다.

더욱이 『실기』의 영향이 약해진 배경에는 다음과 같은 사정도 있었다.

하나는, 『실기』에는 일본 근대국가 창출을 위한 선택 길이 서술되어 있다. 거기에는 대국은 물론 벨기에, 네덜란드, 덴마크, 스위스 등 당시 유럽의 소국에 대해서도 누누이 기술하고 있다. 그럼에도 불구하고 그 후의 일본의 현실은 대국에의 길, 말하자면 아시아에서의 프로이센으로의 길이 선택되었다.

그리하여 1880년대 초에는 '탈아입구'(脫亞入歐)라는 방향으로 달리게 되었다. 이와 같이 아시아를 버림으로 말미암아 『실기』의 제언도 무시되었다(제7장 참조). 즉 『실기』는 메이지 정부에게 환영받지 못한 보고서였다. 『실기』가 '태정관(太政官) 기록부 간행'이라는 공식적인 형식을 갖고 있었던 만큼 그렇게 말할 수 있을 것이다.

구메 사건의 영향

그뿐만이 아니다. 『실기』 편찬자 구메는 1891년 「신도는 하늘을 모시는 오랜 풍속」(神道は祭天の古俗, 『史學會雜誌』 23~25호)이라는 논문을 써서 제국대학 문과대학 교수직을 면직당한 사람이었다. 이것을 구메 사건이라고 한다. 구메를 강단에서 추방한 이유는 황실에 대한 불경, 국체 훼손, 안녕질서의 문란 등이었다. 이 사

건은 「교육칙어」(教育勅語)가 나온 지 2년 후, 청일전쟁 개시 2년 전에 발생하였고, 이 시기는 근대 천황제의 확립을 위해 신도를 체제 이데올로기로 삼고자 하던 시기였다.

이 구메 사건의 주역인 구메가 편수 · 집필한 책이었기에 『실기』가 경원시되었던 것은 당연하다. 구메는 근대 일본 사학사에서는 구메 사건으로 이름을 남기었지만, 『실기』와 함께 사람들의 기억으로부터는 멀리 잊혀져 버린 역사가의 한 사람이 되었을 뿐이다.

1945년 8월, 일본의 패전은 그때까지의 천황 중심 역사관을 일변시켰다. 그러나 한동안 이와쿠라 사절단 내지 『실기』는 주목받지 못하였다.

복각 · 간행과 관심 증대

1960년대에서 1970년대에 걸쳐서, 정치사상사(가토 슈이치, 「日本人의 世界像」)나 비교문화사의 입장(芳賀徹, 「明治初期一知識人の西洋體驗」)에서 『실기』에 대한 논급이 시작되어, 미국인 일본 연구자의 연구 대상이 되었다(마린 메이요, 「岩倉使節團の西洋硏究」).

주목을 받게 된 계기의 하나는 1975년부터 『실기』 원본이 복각되고, 다음해 그 해설서로 『이와쿠라 사절단 연구』(岩倉使節團の硏究, 大久保利謙 편)가 공간된 것이다. 여러 분야의 사람들이 이 책을 주목하게 되었다. 이후 이와쿠라 사절단 및 그 보고서 『실기』의 문고본은 각국에 지참되어서 현지에서의 연구도 개시되기에 이르렀다.

1982년 설립된 구메 미술관은, 화가인 그의 아들 구메 게이이치로(桂一郎)의 회화 상설관이지만 여기에 『구미방무문서』도 소장되었다. 그 정리가 진행됨에 따라서 일부는 『구미방무문서』로 공간되었고, 이용이 용이하게 되었다. 이후 이 미술관은 사절단 및 『실기』 연구의 추진 거점이 된다.

국제적 연구

이러한 상황 하에서, 사절단과 『실기』에 대한 국제적 연구가 국내외에서 개시되었다. 그리고 이러한 국제적 연구나 각국에서 현지 연구가 진행되면서, 『실기』에서 견문이 결락된 부분이나 오인 혹은 한계 등이 많이 지적되었다. "무엇을 보지 못하였나" 라는 것부터 그 나라가 갖는 독특한 분위기나 인민의 기질 등에 대한 이해 부족을 지적하는 논고에서도 늘어나고 있다. 그렇지만 그러한 논고도 『실기』 자체에 대해서는 높이 평가하고 있다.

2002년에는 전 책이 영문으로 번역되어 공간되었다. 또 독일에 관련된 부분에 대한 독일어 역서가 나왔다.

이와 같은 연구의 축적은 고등학교 교과서 기술의 변화를 가져왔다. 일찍이 '이와쿠라 사절' 은 메이지 초기에 외교가 실패한 한 예로 기록되어 있었으나, 지금은 조약 개정 교섭의 실패에도 불구하고 근대국가 창출을 위해 구미 각국의 제도 · 문물을 시찰한 것으로 서술되고 있다.

『실기』의 내용이 각국에 걸쳐 다양하고 다채롭기 때문에 지금도 많은 연구과제가 남겨져 있음은 말할 나위도 없다. 길은 아직 멀다. 멀지만 한 걸음 한 걸음 나아가지 않으면 목표에 도달할 수 없을 것이다.

Ⅱ. 서양 문명과의 만남

샌프란시스코의 골든게이트

1. 숙녀와 창부—서양 사회와 유교 세계

남녀간의 풍속

외국에 처음 발을 내디던 메이지 일본인의 눈에 가장 먼저 들어온 것은 남녀간의 풍속이었다. 이와쿠라 사절단의 최초의 체험은 미국으로 향하는 배 위에서였다.

선상에서 귀국하는 미국 공사 데롱 부부의 행위에 놀란 것은 다름 아닌 구메 자신이었다. 미국 공사는 아내의 일거수일투족을 세심하게 배려하였다. 이것을 본 일행은 데롱을 '애처가'라고 평하였으나, 이것이야말로 '서양 문명 신사의 올바른 행실'이라고 말하는 사람도 있었다(『久米博士九十年回顧錄』 하권, 이하 『回顧錄』으로 약칭). 아시아 유교 세계의 종적 윤리와 구미, 특히 미국의 횡적 윤리의 큰 차이가 여기에 있었던 것이다.

샌프란시스코의 호텔에 도착하여 눈에 띈 것은, 어깨동무를 하고, 손을 잡고 지나가는 남녀·부부의 모습이었다. 부부는 서로 손을 붙잡고 놓으려고 하지 않았다. 뿐만 아니라 부인의 긴 치마를

밟지 않으려고 남편이 치마 끝을 붙잡고 있었으며, 장갑을 낄 때에도 아내의 손가락을 넣어 주었다. 마차에 탈 때에는 아내의 허리를 잡아 주고, 앉을 때에는 의자를 꺼내 주었다. "동양에서 시녀가 하는 역할을 여기서는 남편이 하는 풍속이 눈에 거슬렸다" "정말이지 천지가 뒤집힌 엄처시하의 세상이다"라고 구메는 기술하고 있다.

한편 그는, 그러나(이러한 몰상식함은) 이 땅이 서부 개척의 역사에서 '금은광의 이익을 추구하여 모인 서양인 죄수들의 소굴'이기 때문에 비롯된 것이라고 생각했다. 그들은 자제력이 약하고, 욕망이나 감정을 노골적으로 표현하는 풍습을 갖고 있는 것이다. "홍발벽안(붉은 머리와 푸른 눈)을 가진 백인종이 여자를 귀히 여기고 여자의 말에 맹종하는 것은, 예수 탄생 전에 만들어진 『한서』에도 기록되어 있다"고, 구메는 자신의 한학 지식을 동원하여 납득하려고 노력하고 있다.

포옹 · 키스의 '추한 풍속'

보스턴에서 영국으로 향하는 부두에서 세 쌍의 부부가 포옹하고 키스를 나누는 광경을 보고 그는, "외섭스럽고 추한 풍속에 불쾌감을 느끼면서 신대륙을 떠나서 대서양상의 인간이 되었다"라고 말하지 않을 수 없었던 것이다(『回顧錄』 하권).

위의 『회고록』은 구메의 개인적인 저작이어서, 노골적으로 감정이 표출되어 있지만, 『실기』는 이러한 상황을 어떻게 표현하고 있을까.

『실기』에서는, 무엇보다 '기괴함' 을 느낀 것은 '남녀의 교제' 였다고 먼저 말하고 있다. 이렇게 여성 우선, 아내 우선의 남녀 · 부부관계를 상세하게 설명하고 있다. 다음은 그 총괄이다.

> 대저 서양 일반의 풍속이라고는 하나, 미국과 영국이 특히 심하고, 영국은 여왕을 옹립한 나라이므로 이 풍속을 장려하고 있으며, 미국은 공화정치이므로 남녀 동권을 자만하는 바이다(一, 248).

유교의 전통윤리관

나아가 『실기』는, "근년 미국에서는 부인에게 참정권을 주어야 한다는 논의가 있다. 그뿐만 아니라 어떤 주에서는 이미 허락되어 있다" 라고 기록하고 있다. 그리고 "워싱턴에 사는 한 여의사는 모자에 바지를 입고 남자 같은 복장으로 돌아다니므로, 마음이 있는 부인은 모두 눈살을 찌푸리고 있다" 라고 덧붙이면서 "동양의 가르침으로는 남녀에는 스스로 차이가 있으며, 부인이 '안을 다스리고 바깥일을 하지 않음' 은 자연의 도리이다" 라고 말하고 있다(一, 248~249).

『실기』가 말하고자 하는 것은, 유교 세계에 있어서 전통윤리로서의 남녀의 분별이며, 그것이 가장 중요한 점이라는 것이었다. 이러한 입장에서 볼 때, 유럽의 부인들이 정장을 하고 젖가슴 위를 드러내거나 귀를 뚫고 허리를 조여 매거나 다리가 가는 것을 아름답다고 하며 구두를 종아리까지 감싸는 것은, 설령 그것이 관습이라고 해도 건강상으로 보아도 모두 아름다운 일은 아니었다(四, 203).

누드 모델에 질색하다

구미의 미술관에는 많은 누드화가 걸려 있었다. 베를린에서는 누드모델을 사생하는 풍경을 목격하기도 하였다. 모델료를 받는 나체의 모델은 서 있거나 혹은 눕거나 웅크려 앉거나 하였다. 그 '피륙근골(皮肉筋骨)의 실태' 가 모사되고, 조각가는 그 모조를 작성하고 있었다.

> 그날의 모델은 미인이었다. 나체로 침상에 드러누워서 화가가 그림을 스케치한다. 그녀는 드러누운 상태로 1시간 반 동안 움직이지 않았다. 그것이 1주일간 지속된다. 때로는 7주간도 지속된다. 인간의 육체를 묘사하는 것은 화가가 가장 마음을 쓰는 기량이지만, 그 정교함을 지나치게 구하면 이러한 '추한 현상' 이 나타난다.

'상당히 거슬리는 느낌이었다' 고, 여기서는 혐오감이 확실히 표명되어 있다(三, 328).

구메는 장남 게이이치로가 1886년 파리에서 서양화를 공부하겠다고 하였을 때 이를 허락하였으나, 7년간의 유학을 마치고 그가 귀국하자 "그는 반 서양인이다"(『回顧錄』 상권, 「文學博士易堂先生小傳」)라고 하여 같이 방을 쓰는 것을 거부하였다. 그러나 게이

이치로가 메이지 서양화단의 혁신에 불타서, 미술단체 '백마회'(白馬會)를 창설하였을 때에는 이해를 보이고 그 잡지 『광풍』(光風) 창간호에 서문을 싣기도 하였다. '백마회'의 전신인 서양화지도연구소 '천지도장'(天眞道場)의 이름도 구메 구니타케가 명명한 것이라고 한다. 이는『실기』를 집필한 지 거의 20년이 지난 후의 일이다.

공공연한 창기(娼妓)

일행이 베를린에서 브란덴부르크 문 앞에 있는 운터덴린덴 도로변의 사진관에 들렀을 때, '성행위를 하는 사진'이 공공연히 팔리고 있었다. 춘화가 공공연히 매매되고 있는 유럽의 도시는 "다

베를린의 브란덴부르크 문

만 여기뿐이다"라고 『실기』에는 힘들게 기록하고 있다(三, 305~306).

함부르크의 서북쪽에는 꽃길이 있었다. 거기에는 창기들이 허락을 받고 세 등급의 창관을 만들고 있었다. 상등급은 건물이 아름답고, 각 방을 나누어 창기를 두었다. 창문은 밤이 되면 은은한 불빛으로 빛났고, 미인이 손님을 기다리는 그림자를 들여다보았다고 기록되어 있다. 중등급 이하는 건물도 작고 설비도 좋지는 않았다고 한다(四, 126).

뒤에서 다시 설명하겠지만, 구메는 런던에서 '돈 지갑'을 잃어버린 적이 있다. 이때 사절단 일행은 "흰 종아리도 보지 못하고 150파운드를 잃어버린 신선 구메"라고 구메를 놀렸다고 한다(四, 2 참조).

사절단은 회람 중 어느 나라에서나 매춘을 하는 여자들을 보았다. 그것은 유럽뿐만이 아니라 귀국하는 중에 들렀던 이집트에서도 마찬가지였다. 여기서는 집 안에 '침상식안'(寢床食案)을 설치하고 레이스 등을 늘어뜨린 검은색과 구리색의 부인들이 있었으며, 그 장막 앞에 앉아 있었던 일도 있었다. 그녀들은 금반지나 팔찌를 끼고 있었으며, 흰 목면에 붉은 무늬가 있는 화려한 의상을 걸치고, 발목을 졸라매는 바지를 입고, 수건으로 얼굴을 가리지도 않고, 애교가 넘치는 얼굴로 손님을 기다리고 있었다. 여기는 기온도 높고 건조한 나라이므로 하등급의 창부들은 밖에서 땅 위에 누워 있는 사람들도 있었던 것이다(이상 五, 254).

그런데 앞서의 함부르크에서 공공연한 사창가를 본 일행은 다음과 같이 의문을 던지고 있다(四, 126~128).

> 창부는 '개화' 가 진전됨에 따라서 그 수를 매일 증가시킨다. 도시에서는 이 폐해를 없애기 위해 때로는 '허가' 하고 때로는 '엄금' 하기도 하지만, 일장일단이 있어서 실효를 얻지 못하였다. 이 함부르크에서는 사창가를 허가하고 있으나, 과연 도움이 되는 것인가.

사창인가, 공창인가

창부를 사창(私娼)으로 둘 것인가, 공창(公娼)으로 유지할 것인가. 일행의 염두에는 메이지 5(1872)년 10월에 정부가 태정관(太政官) 포고 295호로 발령한 이른바 창기 해방령이 있었다. 특히 기도(木戶)는 이러한 일에 회의를 느끼고 있었다. 기도는 다음해인 1873년 3월 9일 마키무라 마사나오(槇村正直)에게 쓴 편지에 "작년에 창기 해방령으로 유녀들을 대책 없이 방환시킨 것은 참으로 실책이었다" 라고 쓰고 있다. 그것은 유럽 각국의 실정을 알게 되었기 때문이다. 영국의 밤길가에는 '매음하는 부인' 들로 넘치고, 그 수는 수십만 명을 넘는다고 『실기』에는 기록되어 있다(二, 40). 이는 미국도 마찬가지였고, 거기에 문명국의 폐해가 있는 것은 아닐까, 그 점을 잘 생각해 두지 않으면 엄청난 일이 발생할 수도 있다고 기도다운 회의와 불안을 발설하고 있는 것이다.

로르 아들레(Laure Adler)의 『파리와 창부들 1830~1930』(河出書

房新社, 高頭麻子 譯, 1992)은 "사람은 창부로 태어나는 것이 아니다. 창부가 되는 것뿐이다"라는 입장에서의 저작이다. 이 책에서는, 7월 왕정기(1830~1848) 초기 파리의 창부 수는 3만 명이었고 1930년대에는 50만 명이었다고 들고 있다. 19세기 매춘 연구의 선구자 중 한 사람인 파랑 뒤샤틀(Parent Duchatelet)에 의하면, 1836년 파리에만 1만 명이 있었다고 한다. 작가 · 여행가 · 사진가인 맥심 뒤 캉(Maxim Du Camp)은 "1872년 파리에는 12만의 창부가 있었다!"라고 말했다고 소개된다. 사절단의 눈에도 그 정경의 일부가 들어왔던 것이다.

다른 문화와 접촉하는 인간 사회의 이해는 우선 이러한 일부터 시작한다고 말해도 좋다. 거기에는 인간의 적나라한 모습이 사회의 모순으로 노출되어 있기 때문이다.

2. 호텔 · 건물 · 수도—도시의 기반 정비

호텔 설비에 눈을 빼앗기다

이와쿠라 사절단처럼 외국 땅을 처음 밟는 사람들에게 샌프란시스코 거리는 '처음부터 끝까지 놀라움의 연속'이었다. 그중에도 몽고메리 가의 거대한 그랜드 호텔에는 눈이 휘둥그레질 수밖에 없었다. 입구에 있는 몸 전체가 비치는 큰 거울, 각 층을 연결하는 나선형 계단, 화려한 홀 등 어느 것이나 '기상천외의 설비'로 모두 기이하게 보였다(『回顧錄』 하권). 방을 장식한 카펫과 의자는 "찬란하여 눈부셨다"(一, 79)라고 『실기』는 표현하고 있다. 또한 이 5층 건물의 호텔 입구는 구름 속으로 들어가는 듯한 느낌이 들게 하였다고 이사관 사사키(佐佐木高行)는 일기에 쓰고 있다.

호텔 식당은 120평(약 396평방미터)으로 300명을 수용할 수 있었다. 1층에는 잘 다듬어진 대리석이 깔려 있어 매우 미끄러웠다. 프런트 외에 욕실, 이발소, 당구장 등이 있었으며, 또 술과 과일, 약품, 의복 등을 구입할 수 있는 매점도 즐비하여, 여행객의 편의를 도모하였다.

2층부터는 객실로, 그 수는 300개나 되었다. 방에 들어서면 거실, 침실, 욕실, 화장실 등으로 나뉘어 있으며, 여기에도 큰 거울이 있고 화려한 카펫이 깔려 있었다. 매달린 가스 등불은 "낮에는 각진 7색의 구슬이 반사되고", "밤에는 나사를 풀어 불을 붙이면 5색 7색의 황홀한 빛을 백옥 속에서 비춘다"라고 하였다. 창에는 레이스가 내려지고, 멀리 꽃을 바라보는 듯하였으며, 침대는 스프링이 들어 있었다. "매트는 부드러워서 몸에 거스름이 없다"라고도 하였다. 옷장, 장롱 등도 비치되어 있었으며, 세면을 위한 '세면대'도 있고 꼭지를 돌리면 물이 쏟아진다. '노비를 부르는 데 전선'이 있어서 손가락으로 살짝 누르기만 하면 "벨소리가 100보 밖에서도 들린다"라고 한다. 모두 생활기능에 따라서 만들어졌으며, '비누, 타올, 성냥, 스토브, 꽃병, 변기' 에 이르기까지 모든 것이 완비되어 있는 것이다(一, 79~80). 이는 일본의 여관과는 비교할 수 없는 별천지였다.

일행 중에는 엘리베이터에 놀란 사람도 있었고, 객실 번호를 외우지 못하여 방을 잘못 찾은 사람도 있었다(『回顧錄』 하권).

지명을 한자 표기로

그런데 지금까지 호텔의 설비를 표현한 단어에서 알 수 있듯이, 『실기』는 많은 한자어와 가나를 사용하여 표기하였다. 그 한자 표기에 대해 조금 설명해 두자. 예를 들면 다음과 같은 단어는 어떻게 읽을 것인가.

嗹馬 匈加利 梅格稜堡 波希米 日耳蔓

이는 순서대로 덴마크, 헝가리, 메클렌부르크, 보헤미아, 게르만을 표시한 것이다. 도시명은 좀 더 어렵다.

費拉特費 里味陂 哥羅斯哥 北明翰 奄特坦 那不兒 里昂 馬耳塞

이는 필라델피아, 리버풀, 글래스고, 버밍엄, 암스테르담, 나폴리, 리옹, 마르세유이다. 이를 모두 읽을 수 있는 사람은 드물 것이다.

한자어 표기뿐만이 아니다. 영어를 가나로 표기한 것은, 같은 단어를 여러 가지로 표기하고 있다. 이는 현지에서 귀에 들어온 음을 그대로 표기한 것과 문헌에 따라 표기한 것이 있기 때문이다. 영어 발음과 현지어 발음의 혼재도 보인다.

고층 건물의 이상한 세계

일행은 가는 곳곳에서 거대한 고층 건물에 눈을 빼앗겼다. 뉴욕 월 가의 증권거래소는 길이 120칸(약 218미터), 폭 25칸(약 45.5미터)으로 높이는 77피트(약 23.5미터)이다. 건축구조물의 꼭대기까지는 높이 124척(약 37.8미터)이다. 그 건축물의 건축비는 지대를 합하여 180만 달러로 15년 전에 완성하였다고 기술되어 있다(一, 340~341). 목조건물에 익숙한 눈에 기하학적인 입체구조로 솟아 있는 거대한 건축 공간은 이상한 세계로 보였던 것이다.

영국의 비스킷 공장

사절단은 영국에서 런던 제일의 비스킷 공장을 견학하였다. 여기에서는 120종류의 비스킷을 만들고 있었고, 이 공장도 근대 건축의 위용을 자랑하고 있었다.

> 공장은 냇가를 사이에 두고 3~4층의 건물로 되어 있었고, 곳곳에 거대한 굴뚝이 있어서 연기를 내뿜고 있었다. "그 광대한 모습은 참으로 의외였다"(一, 370).

일행은 근대 건축과 입체공간의 거대함을 통감하였고 또한, 이

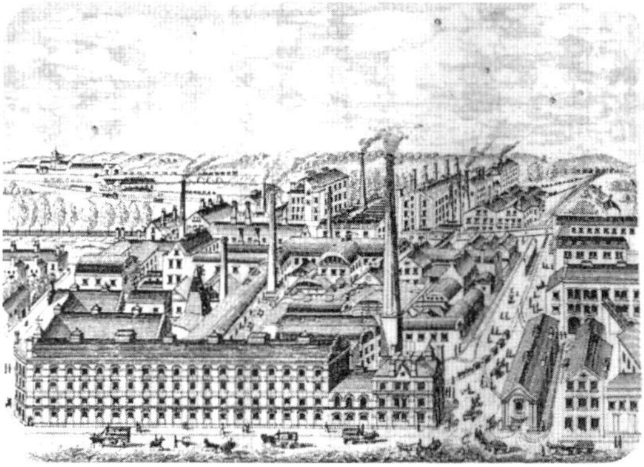

영국 런던의 비스킷 공장

렇게 기대한 입체공간이 단지 일상생활에서 식후 차를 마시는 데 따라 나오는 비스킷을 만들기 위한 공장이라는 사실에 더욱 놀랐던 것이다.

이 공장은 판트레 부자(父子)의 소유였다. 판트레 씨는 30년 전까지는 이 지역의 가난한 백성이었는데, 단지 서너 명의 직원을 둔 영세 작업장에서 부를 축적하기 시작하여 드디어 이 제품을 만천하에 수송하고 세계 부자 중 하나가 되었다. 그리고 이 공장의 직원들은 지금은 2,200~2,300명이고 1주일의 급료는 1,700파운드(7,500만 달러), 1년간의 이익금은 35만 달러에 달한다고 한다. 이 이익금 중 20만 달러를 판트레 씨가 그리고 15만 달러를 아들 팔머스 씨가 갖는다(二, 368~370).

이 거대한 건축공간에 둘러싸여 벌어지는 일상생활과 소비, 그에 따르는 대량생산, 노동력과 자본, 여기에서 생겨나는 이익 등 자본주의의 틀을 일행이 어떻게 읽어 내었는가는 또 다른 문제였다(IV장 참조).

파리에 도착하다

사절단이 런던을 출발하여 파리에 도착한 것은 1872년 12월 16일이었다. 언제나 안개가 자욱하여 밤처럼 어둑어둑한 런던과는 달리, 이곳 파리는 기후가 쾌적하였다. 특히 근대 건축구조인 개선문 일대는 넓게 트여 있었으며, 마치 '천국에 도착한 듯한 느낌'이었다(三, 41)고 한다.

> 개선문은 화려하고 장려하였다. 이는 나폴레옹 1세가 19세기 초에 이탈리아 · 오스트리아를 격파하고, 위엄을 유럽에 전하였을 때에 이를 기념하여 로마의 '아치' 문을 모델로 만든 것이라고 설명하고 있다. 문의 높이는 40미터, 정면의 폭은 20미터로 이 정면에 높이 15미터의 아치형 문을 내고, 측면은 좀 협소하였다(三, 41~43).

"정면은 샹젤리제 거리이고, 넓이 130미터나 되며 샤이요 궁, 콩코르드 정원을 대하고 있으며 마치 우리가 교토(京都)의 라조몬(羅城門)을 들어서서 주작대로의 다이다이리(大內裏)에 있는 것 같았다"고 구메는 후년에 회상하고 있다(『回想錄』 하권).

『실기』는 개선문의 구조나 장식조각의 정밀함 등을 서술한 후, 파리의 "언덕에 높이 서 있어서 표적이 되는 참으로 대단한 건축이다" 라고 말하고 있다(三, 43). 파리 시가에서 눈에 띄는 개선문에는, 그 전해에 일어났던 파리 코뮌의 총탄 흔적이 아직 생생히 남아 있었으며 복구 중이었다. 문 안에는 나선형 계단이 있었으며, 이 계단을 끝까지 오르면 파리 시내를 전망할 수 있었다. 부사 기도(木戶)도 여기서 "파리부를 일망하다" 라고 일기에 기록하고 있다.

도시 인프라 정비

구미 여러 도시의 기반정비에 눈을 돌려 보자.

산업기반시설(인프라)은 사회적 생산기반을 말하며, 생활 활동을 지탱하는 기초적 설비를 말한다. 구체적으로는 도로 · 철도 · 항만 · 상하수도 · 전기 등 경제활동에 불가결한 사회자본을 말하며, 학교 · 공원 혹은 통신회선의 정비 등을 포함하는 경우도 있다. 그중에서도 생활에 필요한 기본적인 인프라로서 전기 · 가스 · 상하수도 등은 라이프 라인(생명선)이라고도 한다.

도시에서 이 생명선을 정비하는 수순에 대해 『실기』는 새로운 마을을 만들고, 집을 세우기 전에 우선 이 생명선을 건설해야 하는 것이 전제임을 배우고 있다.

그리고 지방관이 이 도시 조성에 있어서 도로 등의 인프라 정비가 중요하다는 사실을 우선 인식할 필요가 있으며, 그렇지 않으면 "도로가 불편하여 사람들이 다시금 흩어진다" 라고 하였다(一, 102).

상수도와 하수도

도시의 상수도에 대해서는 어떠하였을까.

> 그것은 일단 상수원을 만들고 여기에서 관을 빼 시가에 나누어 흘려보낸다. 이는 가스를 큰 관에 저장하였다가 내보내는 것과 같다(一, 328).
>
> 이 상수는 깨끗해야 하기 때문에 수원을 검토하고 원거리에서 끌어오든가, 우물을 파서 끌어올려 여과시킨 후 각 가정으로 보내든가 해야 하며, 물은 감미롭고 독성이나 오염물질이 없어서 모든 도시 인민이 마신다(一, 175. 一, 365).

스위스 제네바에서는 도시의 상수를 퍼올리는 거대한 기관실을 견학하였다. 그것은 레만 호의 하구를 차단하여 여기에 건물을 세우고 수차를 설치한 것이었다. 여기에는 여러 가지 기계가 설치되어 있었다.

> 이처럼 유럽에서는, 일상의 먹고 마시는 것에 가능한 한 편리를 도모하고, 그 좋음을 얻기 위해서 비용을 아끼지 않는다(五, 102).

말하자면 거기에 인프라 정비의 기본자세가 있음을 배운 것이었다.

하수도는 어떠하였는가. 일행은 런던과 파리에서 이를 견학하고 있다. 파리의 하수도는 '장관 중의 하나' 였다(三, 107). 이 하수도는 지하 8미터에 위치하며 대 · 중 · 소 하수구가 있었다. 그것은 많은 지류로 나뉘어 있고 각 가정에서 나온 하수는 우선 소하수구에 들어온다.

중하수구의 폭은 1미터 반, 깊이는 1.2미터, 양측에는 인도가 있다. 바닥에는 돌이 깔려 있어서 주위는 커다란 활 모양의 동굴이다. 높이는 신장의 1.5배, 벽에는 상수관이나 전선이 매달려 있었다. 대하수구에는 하수가 모여든다. 폭은 약 3.3미터, 깊이는 중하수구와 같았다. 여기에는 항상 인부 520명이 쓰레기를 긁어내고 있었다.

일행은 인력거를 타고 견학하였고, 대하수구에서는 배를 타고 터널 속을 실제로 견학하였다. 이 하수도는 분뇨 냄새가 나지 않았으나, 악취는 심하였다. 터널을 나왔을 때에는 "모든 사람의 피부에 혈색이 없었다"라고 기록되어 있다. 이 하수도는 1850년, 나폴레옹 3가 생각해 내어 7,500만 프랑을 들여 만들어졌다고 한다(三, 107~109). 또 런던의 하수구에 대한 기록도 二, 375~396 및 三, 110 등에 있지만 여기서는 생략한다.

일본의 도시정책과의 차이

이러한 인프라 정비, 파리의 하수도 설비 등은 런던이나 파리와 비슷한 100만 명의 인구를 갖는 도시 도쿄(東京)의 당시 상황과 비교해 보면, 엄청난 지하 입체공간이었다. "파리의 장관 중의 하나였다"(三, 107)는 말에 이 느낌이 담겨 있다.

이 인프라 정비에 대한 고찰이 사절단 귀국 후 일본의 도시 정책에 얼마나 반영되었을까. 이 견문이나 통찰이 일본의 근대화에 적용 · 실행되지 못하였음은, 제2차 세계대전 전후(前後) 그리고 현재에 이르기까지 일본 도시 정책의 빈약함을 보여 주는 근원의 하나가 되었다.

3. 도로 · 철도 · 운하 — 교통기관과 공간의 확대

유통로 정비의 중요성

"유럽에서 사람들은 물건을 들고 다니지 않고 말들은 짐을 지지 않는다"(五, 172)라고 『실기』는 말한다. 외국 영화에서 보면, 과연 사람들이 말을 많이 타지만, 말 등에 많은 짐을 싣는 장면이 드물다. 미국의 서부 영화를 떠올리면 좋을 것이다.

그러나 메이지 시대의 일본에서는 말 등에 직접 싣고 운반하고 있었다. 『실기』는 이 차이를 기록하고 있다.

> 유럽 사람들은 물건을 들고 다니는 힘으로 도로를 수리하고, 말에 싣는 대신 차륜의 힘을 이용한다(五, 172).

물건을 마차에 싣고 말로 하여금 끌게 하면, 말 등에 직접 물건을 싣는 것보다 10배의 힘을 발휘할 수 있다고 지적하고 있다.

『실기』는 대략 1톤의 짐을 차로 운반할 경우, 도로의 조건에 따른 저항력의 차이를 다음의 표와 같이 계산을 해 놓았다.

노선의 조건	저항력
보통의 흙길	1/8=250파운드
단단히 다져진 길	1/30=66.5파운드
철궤를 이용	1/280=7파운드

(一, 198~199)

여기서 말하는 노선이란 육로만을 말하는 것은 아니다. '세계 물산의 유통' 에는 해로도 있다. 이를 포함하는 유통로를 인간의 동맥과 정맥에 비유하여, 이 혈관이 온몸에 골고루 퍼져서 영양분을 수송하기 때문에 건강이 유지된다고 그 중요성을 강조하고 있다. 그러므로 유럽의 각국은 도로 수리에 전력을 다하고, 이를 통해 부강을 도모한다고 한다.

그 나라의 도로가 정비되어 있는지 아닌지를 보면, '국정의 성쇠' 와 '백성의 부지런함과 게으름' 을 바로 알 수 있다고도 기록하고 있다(五, 172).

해로와 무역을 중시하다

특히 해로는 무역과 직결되어 있으므로 세계로 뻗어나가게 된다. 장래 일본의 산물도 유럽과 마찬가지로 "안으로는 공예를 겨루"면서도 "밖으로는 무역을 넓히고, 땅에는 차, 강에는 배, 선박을 해양으로 파견"하여 유럽이나 아시아 등 세계를 "좌우로 보아 이익을 도모"하여야 한다. 그리하면 일본의 물산도 수개월이 지나지 않아 유럽 시장에 등장하게 될 것이다(五, 169), 라고 말하고 있다.

> 『실기』의 무역을 중시한 이 말은, 당시 일본의 현상을 근거로 한 것이었다. 장래의 세계 시장을 바라보면서, 충분히 주의하라는 것이다. "지금부터 상업을 발달시키고 국익을 흥하게 하기 위해서는 세계의 지형과 형세를 깊이 관찰해야 한다"고 강조하고 있는 것(五, 169)도 같은 의미이다.

철도에 대한 관심

다시금 육로에 대해 살펴보자. 앞의 표에서 노선의 저항력이 가장 적은 것이 "철궤를 이용"하는 것이었는데, 이는 철궤 위에 수레를 놓고 말이 끄는 경우를 말한다. 이를 더욱 발전시킨 것이 철도이다.

이와쿠라 사절단은 1871년 11월, 시나가와(品川)와 요코하마(橫浜) 간 철도를 이용하여 요코하마 항에 도착하였었다. 그만큼 이와쿠라 철도에 대한 관심이 깊었다.

미국에서는 센트럴 · 퍼시픽 철도회사를 귀국한 주일 미 대사 데롱의 안내로 견학하였다. 데롱은 이와쿠라 등에게 철도의 중요성에 대해 이렇게 말하였다.

> '화물은 혈액과 같은 것'으로 이것을 실어 나르는 철도는 "핏

미국의 고가철도

줄과 같은 것이며, 핏줄이 혈액을 순환시키기 때문에 몸이 건강한 것입니다." 미국이 부강하게 된 것은 바로 "철도를 부설한 덕분입니다."

이때의 발언이 어쩌면 이와쿠라의 뇌리에 남아서 앞서 인용한 동맥 · 정맥이라는 표현을 사용하였는지도 모르겠다.

데롱의 설명을 듣고 크게 감명을 받은 이와쿠라는 공부성 이사관 히다 다메요시(肥田爲良)에게 조사를 명하였고, 나아가 자비 연수를 온 야마모토 마타이치(山本復一)에게 그 조수역을 지시하였다. 야마모토는 부사 오쿠보와 이토가 1872년 1월에 귀국할 때 같이 일본에 돌아온다. 그때 이와쿠라는 야마모토에게 철도회사에 대한 연구를 맡긴다. 다음해 1873년 9월 이와쿠라 등이 귀국하였을 때에, 야마모토는 '철도에 대한 건의' 를 제출한다(「山本家文書」에 의함).

한편 이와쿠라는 1872년 11월 3일 런던에서 쓴 편지에 화족(華族)자본을 이용한 철도회사 건립에 관한 것과 그 철도 건설에 미국의 방법을 배워야 한다는 의견을 쓰고 있다(『岩倉具視關係文書』五). 1881년에 창설된 일본철도회사는 사절단 회람 시에 이미 발상이 싹튼 것이다.

철도 건설의 세 가지 방법

철도 건설의 방법에 대해 『실기』는 다음 세 가지로 정리한다. 제1은 관영, 제2는 민영, 제3은 관이 만들고 민영으로 이관하는 것이다. 제1의 방법은 벨기에, 제2의 방법은 영국 · 프랑스 · 미국 등에서 주로 하고, 다른 나라에서는 제1에서 제3까지의 방법이 혼용되고 있다. 제1의 관영에 대해서는,

> 예를 들면 병졸이나 죄수 등도 사용할 수 있으며, 정부 관리 중에 숙련된 사람이 없지는 않지만, "스스로 성공하려는 의지가 약하고, 나이 많은 사람이 많고, 품위를 고수하려고 하므로 진보 분려의 책이 부족하다" 라고, 그 결점을 말하고 있다.

제2의 민영에 대해서는,

> 회사의 이익을 생각하여 깊이 생각하고 새로운 방법을 찾아서

직무에 정진하며 점차 좋은 방법을 찾아내 사업을 진행하지만, 회사에 이익이 없는 노선은 만들지 않고 이익이 큰 노선에만 힘을 기울이므로 정부의 지시대로 따르지 않는다. 이는 일단 전쟁이 일어난 경우에도 회사의 이익을 생각하고 정부의 편의를 생각하지 않을 터이니, 군사적인 관점에서 본다면 정부가 노선을 소유하는 것이 최상이다.

라는 것이다.

일장일단이 있으나, 공사는 회사에 맡기는 편이 경제적으로도 좋다. 그렇다면 어떻게 할 것인가.

결국은 '국민의 경황'과 '노선의 형편'에 따라서 적당히 판단해야 한다(三, 170～172).

이 제언이 메이지 시대의 일본에서 어떠한 역할을 했는지 역사가 말해 준다. 아시아태평양 전쟁까지는 국유 철도 우선의 경향이 강하였고, 전쟁 후에는 민영화로 겨우 변화하였다. 이는 '국민의 경황'이나 '노선의 형편'에 따른 것이라기보다는, 전쟁 전에는 군사력 중심의 국가 건설이 우선시되었으며 전후에는 정치적·경제적 이유가 우선시되었다는 점에 그 이유를 찾을 수 있을 것이다.

지하철과 지하도

한편 철도로 인한 지상 공간의 확대에 대해 지상과 지하공간의 입체적인 확대를 사절단은 런던에서 목격하고 있다.

"런던 시내는 하늘을 달리는 차가 있고, 땅을 달리는 바퀴가 있다"라고 한다. 나아가 '지하에 기차'가 있음을 말하고 있다. 이는 곧 지하철이다.

> 이 지하철의 요금은 상등이 6펜스, 중등이 4펜스, 하등이 3펜스로, 런던 땅속을 통해 "몇 분이면 도착"한다. "돌아가는 길을 지름길로" 한다. 지하철의 대부분은 인가(人家) 밑을 지난다. "그 터널은 벽돌이나 돌을 활 모양으로 견고하게 쌓아 올려서 돌멩이로 메운 것과 마찬가지"라고 말한다. 지하철이 지나가는 집에 앉아 있으면, "하루 종일 웡웡하는 지하의 떨림을 듣는다"(一, 53~54).

지하 공간의 이용은 지하철뿐만은 아니다. 런던 템스 강 밑에도 사람이 왕래할 수 있는 높이 7.6미터, 폭 3.6미터의 터널이 있다. 선박이 강을 지나고 그 강 밑을 사람이 보행한다. '런던의 신비 중의 하나'라고 한다. 그리고 이 터널에는 가스등이 있다. 통기구도 있다. 강폭이 백 수십 간이 되므로 이는 '위업'이다, 라고 말하면서도 "마차가 지나다닐 수 없고, 통기가 좋지 않으므로 장래에는 불편할 것이다"(一, 176)라고 비판 섞인 말을 하고 있다.

템스 강에는 13개의 다리가 있다. 그중 4개에는 철도가 지나고, 나머지 9개는 사람이나 마차가 지나다닌다. "그 건축은 모두 정교하기 이를 바가 없고, 경비는 막대하게 들었다"고 한다(二, 50). 『실기』는 이러한 다리 하나하나를 길이와 폭, 나아가서는 설치 연도에서 경비까지 자세히 기록하고 있다. 이렇게 친절하게 숫자를 든 기록은 『실기』의 특색 중 하나라고 말할 수 있다.

수에즈 운하와 레셉스

운하에 대해서도 여러 곳에서 언급하고 있지만, 그중에서 가장 큰 것은 수에즈 운하일 것이다. 수에즈 운하는 1869년 개통되었다. 그로부터 4년 후 사절단은 여기를 통과하여 귀국하였다. 이 운하를 개통시키기 위해 혼신의 노력을 기울인 사람이 프랑스인 기술자 레셉스(1805~1894)였다. 『실기』는 그에게 큰 찬사를 보내며, 오랜 고생을 통해 "참으로 드문 대위업을 이루었다" 고 한다(五, 256).

1859년부터 만 10년, 당시 길이 160여 킬로미터에 달하는 난공사는, 도중에 비난을 받고 한때는 불가능하게 여겨지기도 하였다. 그러나 레셉스는 굴복하지 않았다.

> 평범하지 않은 사람이 위대한 사업을 이루는 데에는, 비상한 인내와 강력한 정신이 없으면 그 업을 이룰 수 없다(五, 259).

나아가 "이 일을 반드시 성공시키겠다는 뜻을 세운" 레셉스의 담력은 "참으로 놀랄 만하다" 라고도 하였다(五장).

19세기 1870년대의 기술이나 산업의 발달에 따른 지구 규모의 공간의 확대를 『실기』는 여러 각도에서 서술하고 있다. 그러한 문명 · 문화를 가져오는 것은, 결국 인간이며 인간의 강인한 정신이라고 말하고 있다. 이는 서양이나 동양이나 마찬가지이다.

『실기』의 이러한 기술은 서양 문명이라는 새로운 세계와의 만남 속에서, 문명 그리고 문화란 인간의 창조 정신이 만들어 내고, 강렬한 인내력과 지속력으로 유지시키는 것임을 찾아내고자 하는 듯하다.

Ⅲ. 정치와 교육

미합중국 국회의사당

1. 의회와 정치—국가와 인민

합중국 의회를 방문하다

이와쿠라 사절단 파견 계획 중 만들어진 두 통의 '사유서' 중 하나에는, 각 성에서 파견되어 온 이사관과 기술 관료가 시찰할 각 분야의 과제가 기술되어 있다. 여기에는 제도 · 법률 이론과 실제를 연구할 필요성이 주장되고 있으며, 의회를 비롯하여 외국사무국, 재판소, 회계국 등이 구체적인 대상으로 열거되고 있다.

첫 번째 방문국인 미국의 수도 워싱턴에서 사절단은 우선 미합중국의 의회를 방문한다. 국회의사당의 중앙 돔 내의 화려함이나 조경의 담백함, 그리고 주변의 아름다움은 유럽에서도 비할 만한 곳이 없다고 『실기』(實記)는 표현하고 있다.

> 이 의회야말로 미국의 '최상의 정부'인 것이다. 대통령은 행정권을 장악하고, 부통령은 입법의 수장이 되고, '대심관'이 사법부의 수장이 된다. 이것이 미국 연방 정치의 대강이다(一, 206~207).

공화제이므로, 일본과 같이 군주제를 목표로 하는 나라와는 기본적으로 체제를 달리하고 있다(一, 206~207).

공화제의 의회제도

『실기』의 표현으로는, 미국은 유럽에서 가장 '자주 자치 정신이 뛰어난 사람' 들이 모여서 건국한 나라이므로, 순수한 공화국 인민의 나라이며 삼척동자도 임금을 섬기는 것을 부끄럽게 여기고 있다고 한다. 사절단 일행이 위화감을 갖는 것도 당연한 일이리라(一, 208).

그 때문인지, 의회제도에 대한 비판도 엄격하여 이렇게 비판적으로 서술하고 있다.

> 미국은 영국과는 달리 각 주의 대표와 인민의 대표로 이루어지는 상원과 하원으로 구성된다(二, 83). 그러나 이들 의원은 반드시 최상의 인물은 아니다. 또 뛰어난 식견이 대세를 점하는 것도 아니다. 다수결에 의해 결정되는 경우, 상책보다는 하책이 선택될 경우가 많다. 그리고 기초된 원안에 이의가 있어도 십중팔구는 원안대로 통과된다. 그 사이에 뇌물이나 흥정이 없다고 말하기 어렵다. 그것이 '공화정치의 부족함' 이다(一, 209).

군주제 의회

영국과 같은 군주제 하의 의회는, 귀족 중심의 의원에 의한 상원(『실기』에는 473인, 福澤의 『西洋事情』에는 437인)과 일정한 재산

런던의 웨스트민스터 다리와 의사당

을 갖고 인민의 의무를 다하는 선거인에 의해 뽑힌 사람들에 의한 하원으로 구성된다(二, 85).

『실기』가 들고 있는 숫자로 보자면 영국에서 선거권을 갖는 자는 잉글랜드 209만 4,788명, 스코틀랜드 25만 5,751명, 아일랜드 22만 3,507명으로, 총계는 257만 4,039명이라고 하지만 사실 이 숫자들의 총계는 257만 4,046명이다. 야스카와 시게나리(安川繁成)의 보고서 『영국의사당실견록』(英國議事堂實見錄, 하, 권 3)에 개재되어 있는 잉글랜드 외 각 주의 선거인은 105만 5,213명, 「도부」(都府)의 선거인은 151만 8,826명으로 총계가 257만 4,039명이므로 『실기』의 총계와 같다면 『실기』의 지역별 숫자 어딘가에 잘못이 있는 듯하다.

이 선거인 수는 거의 전국 남성의 7분의 1에 해당한다고 한다. 의원은 658명으로 "정치 학술에 능하고 국론에 지망이 있는" 사람들로 대부분은 유산자의 자손이다. 이들은 서민들로부터는 존경을 받고 있지만, 이들 의원이 모두 "현명하고 지혜롭고 견식이 뛰어난" 사람들이라고는 말하기 어렵다. '유력한 인물' 은 겨우 10여 명에 불과하다고 한다. 투표할 때에 "부화뇌동하는 사람들도 많다" 라고 의회비판을 하고 있다(二, 86).

'총리' 와 왕정

그래도 영국의 왕정은 미국의 공화정에 비해, '입법권과 행정권을 조화시키는 묘' 가 있다고 한다. 그것은 '일등 재상' (총리)이 공당에서 추천되어 황제의 특명으로 '보익의 임무' 를 맡고, 매회 의회에 출석하여 중의를 모으기 때문이다.

> 그리하여 일등 재상은 반드시 각 장관과 내각 대신의 총재를 겸하며, '회계사무 재상' 의 직무도 관할하고, 항상 스스로 관청에 출근하며, 한편으로 궁내에는 황제의 고문으로 정치 문제를 상주하고, 퇴근 후에는 의회에 나아가 '변증의 책임' 을 다하지 않으면 안 된다. 더욱이 의회에서는 아침 일찍부터 밤늦게까지 바쁘기가 그지없다. 일등 재상이 된 사람은 설령 "재능이 탁월" 하고 "학문이 높다" 고 해도 머리가 명석하지 못하면 결코 그 책임을 다할 수 없다(二, 87).

이러한 총리에 해당하는 일등 재상을 임명하는 것은 왕의 특권이다. 왕의 권한은 입법과 행정을 겸한다고 할 수 있다. 그러나 총리를 선택하는 것은 결코 왕의 사사로운 뜻이 아니다. 의회의 다수당에서 뽑히는 것이다. 일단 왕이 임명한 후에는 의회가 이를 사퇴시킬 권한이 없다. 만일 사표를 내면, 왕이 그 취사를 결정한다. 아직 총리가 인망을 잃지 않았다고 왕이 판단하면, 수리하지 않고 의회를 해산시켜서 선거를 실시한다.

사절단이 영국에 체재하는 동안 우연히 총리 글래드스톤(1809~1898)이 사표를 제출하였다. 그러나 왕은 수리하지 않았다. 당시 왕은 빅토리아 여왕이었다. 그녀는 영국에서 "인망이 참으로 깊고 고래에 드물게 어진 임금이다"라고 추앙받고 있었다. 이 여왕 밑에서 내각은 12회 교체되었다(二, 88~90).

영국 의회의 심의 모습도 다음과 같이 묘사된다.

> 의회에서 개진된 의견을 듣고, 중요한 일에는 "히야 히야"라고 소리를 낸다. 가장 중요한 일에는 "치어스"(Cheers)라는 소리를 내며, 실책을 통쾌하게 논박할 때에는 '웃음소리'가 일어난다. 하품을 하는 사람이 있는가 하면, 생각이 다른 사람은 보지도 듣지도 않고 냉소하는 사람도 있다. 다른 문안을 읽는 사람도 있고, 전혀 관심이 없는 사람도 있다(二, 89).

좌원(左院) 시찰단과 그 보고서

이처럼 영국 의회의 제도와 실태를 『실기』가 상세하게 서술하고 있는 것은 그 데이터가 있기 때문이기도 하다. 그것은 같은 시기에 유럽에 파견된 좌원(입법부, 1871년 태정관제 개정으로 正院, 左院, 右院으로 나뉨-역자주) 1875년 시찰단의 보고서인 『시찰공정』(視察功程)이었다. 이 보고서는 도쿄의 국립공문서관에 이와쿠라 사절단의 문서와 함께 일괄 소장되어 있다.

좌원 시찰단은 태정관이 파견한 중의관(中議官) 니시오카 유메이(西岡逾明), 소의관(少議官) 고무로 노부오(小室信夫), 소의관 다카사키 마사카제(高崎正風), 중의생(中議生) 스즈키 간이치(鈴木貫一), 소의생(少議生) 야스카와 시게나리로 구성되었다. 다카사키와 야스카와는 오랫동안 이와쿠라 사절단의 멤버로 혼동되어 왔다. 그 이름이 외무성 외교문서의 사절단 명부에 기록되어 있기 때문이다.

시찰단의 한 사람인 야스카와는 영국 의회의 하원에 39회에 걸쳐서 조사하였으며, 그중 19회는 상원에도 들렀다고 한다. 얼마나 열심히 시찰을 하였는지 느낄 수 있다.

야스카와의 의회 견문 보고서는 메이지 8(1875)년에 간행되었는데, 바로 『영국의사실견록』(英國議事實見錄, 전 3권)과 『영국정사개론』(英國政事槪論, 전 6권)이다.

이 『영국정사개론』의 서언에서 야스카와는 다음과 같이 말하였다.

> 대저 영국의 정사는 인심이 회귀하는 곳을 따라서 시행하고, 감히 권위를 마음대로 휘두르지 아니하고, 인민도 역시 자주 자유의

권리를 보전하여 그 생업에 힘쓴다. 위로는 국왕을 섬기면서도 항상 국정에 참여하니, 인민 대중의 회의에 의해 결정되는 방향이 바로 정치의 방향이라는 주의이다.

여기에는 공화제인 미국과 비교하여, 영국이 군주정치 하에서 인민이 지향하는 바를 정책에 반영하는 '정치의 묘'를 부각시키고 있다. 부사인 오쿠보가 귀국 후에 왜 영국을 모델로 하는 헌법안을 만들었는지를 생각해 본다면, 그가 추구하였던 바가 무엇이었는지 추측할 수 있다.

제정 러시아의 현상

프랑스와 독일의 경우는 다음 절에서 언급하기로 하자.

사절단은 러시아에서 산크트페테르부르크(구 레닌그라드)를 방문하여 제정 러시아의 귀족전제 정치에 놀라고, 그때까지 영국·프랑스 이상으로 이 나라를 두려워하였던 선입관과 실태와 그 차이가 너무 크다는 것을 통감하고 있다. 이는 제정 전제정치 하에서는 지방의회도 없고, 가난한 인민('농노')은 미개한 상태에 있음을 알았기 때문이었다.

이로 말미암아 『실기』는, 선입관으로 이 나라를 보았다는 반성과 함께 그것이 우물 안 개구리의 시야였다고 통감하고 있다. "종래 망상 허영의 논의는 배척하고 정신을 맑게 하는 것이 식자가 바라는 바이다"라고, 러시아 시찰 보고를 매듭짓고 있다(四, 110).

이는 그때까지는 생각하지 못하였던 실정, 즉 제도와 정치에 대해 갖고 있던 섭인관과 현지에서 바라본 실제 사이의 커다란 차이를 깨닫고 난 후에 얻은 교훈이었다.

이러한 것은 작은 여러 나라들에게도 해당되는 것이었다.

소국에 눈을 돌리다

일행은 대국을 회람하고 일본과의 격차나 그 나라들의 실제 국정을 알고 대국으로 경외하면서도, 다른 한편 벨기에나 네덜란드 등 당시의 소국들에게서도 새롭고 특별한 발견을 하였다.

즉 벨기에나 네덜란드는 면적이 일본의 규슈 정도에 불과하다. 더구나 척박한 토지이다. 그럼에도 불구하고 이 나라들은 대국 사이에서 '자주의 권리' 를 온전히 지키며, '영업의 힘' 은 오히려 대국을 능가하는 면이 있다. 또한 이 소국은 유럽 전체에 깊이 관계하고 있으며, 세계 무역에도 다대한 영향을 미치고 있음을 알았다. 그것은 이 나라의 인민들이 '근면하고 협동' 하고 있기 때문이다. 벨기에와 네덜란드에 대해서는 다음과 같이 기술하고 있다.

> 대저 우리에게 감동을 주는 것이 3대국(미국 · 영국 · 프랑스)보다 절실한 것이 있었다(三, 165).

벨기에와 네덜란드

벨기에는 입헌군주국이었다. 이 나라는 다른 군주국과는 달리 국민의 자주권이 오히려 공화국보다 우수하였다. 그리고 '문명의 최상급'에 위치하여, 국가의 성쇠는 정치의 영향보다는 '국민의 화합'에 달려 있으므로 속담에 '정부는 인민의 그림자'라는 표현이 맞는 말이라고 하였다. 다른 왕국과는 실상이 다르다고 기록되어 있다(三, 167~169). 입법관이나 행정관에 대해서도 언급하고 있지만 여기서는 생략한다.

네덜란드는 옛날에는 전 세계에 식민지를 가지고 있었다. 일본은 쇄국시대에는 유럽 여러 나라 중 오직 네덜란드와만 관계를 맺고 있었다. 그러나 지금은 영국과 자리를 바꾸어서 소국이 되었다. 네덜란드는 벨기에와는 관계가 깊은 군주국으로, 군주가 "국민의 위에서 권력을 갖는 것이 벨기에보다 약간 무겁다"라고 서술하고 있다.

상원의원 정원은 39명으로, 각 주의고액 납세자 중에서 선출된다. 새로운 법을 정하는 것은 하원의 권한에 속하며, 정부와 협의하여 초안을 만든다. 그 가부를 상원에서 토론하여 결정하지만 상원에 개정할 권한은 없다. 하원은 8달러 25센트 이상의 납세자로 4만 5,000명 중에 1명의 비율로 공개 선출된다, 고 말하고 있다(三, 220~221).

자주 · 중립의 덴마크

『실기』는 벨기에와 함께 소국으로서 자주 · 중립의 나라로 덴마크를 들고 있다.

> 무릇 유럽에서 능히 독립을 유지하는 소국은, 그 병사가 매우 강건하다. 벨기에, 덴마크가 그러하다. 그 인민의 기상도 역시 모두 강하다(四, 144).

이 나라가 프랑스의 일개 도시인 파리보다도 인구가 적으면서도 능히 자주를 유지하는 것은, "강건하며 일에 근면하고 나라를 사랑하며, 불굴의 정신이 있기 때문이다" 라고 한다(四, 135).

덴마크의 왕위가 국민의 선거에 의해 계승되고 있는 것은 오랜 법이다. 이 나라의 정치 변화를 상세히 서술한 후, 덴마크의 '헌정' 은 1866년에 개정되어 입법권은 국회에 있으며 왕과의 협의에 의해 결정된다, 고 기록하고 있다.

그 국회에는 '공회' (상원)와 '민회' (하원)가 있다. 8년 임기의 '공회' 의원 66명 중 54명은 지방에서 세금을 많이 내는 사람들 가운데에서 뽑혔고, 이들은 30세 이상의 이름이 알려진 사람들이었다. 나머지 12명은 하원의원 중에서 선출하며, 그들은 왕명으로 종신의원이 된다. '민회' 는 25세 이상으로 공적인 원조를 받지 않은 사람이 선거권을 가지며, 피선거권은 선거인 명부에 등재되고 1년을 지난 30세 이상이 된 사람에게 주어진다. 이 사람들은 생산에 종사하고 다른 사람들에게 고용되지 않은 '자주민이자 명예가 있는 자' 로, 101명이 선출되어 하원을 구성한다. 양원의 의원 봉급은 같고, 매년 10월 첫 월요일에 개원하며, 정부는 우선 예산을 제출한다, 고 설명하고 있다.

"행정권은 국왕을 대통령으로 하고 내각 7인을 임명한다. 총재, 외무, 내무, 교육, 사법, 회계, 군무가 그것이다"라고 설명하고, 민회의 허락이 없으면, 국왕이라 해도 관료를 해임할 수 없다(四1, 37), 고 언급하고 있다. 이는 공화제와 군주제를 혼합한 것이었다.

스위스의 3원칙

또 소국으로 스위스를 들고 있다. 스위스에서는 (1) 자국의 권리를 관철한다. (2) 타국의 권리를 방해하지 않는다. (3) 타국의 방해를 막는다, 는 3원칙이 있어서 이것이 이 나라의 독립 · 중립의 기본 원칙이라고 하였다(五, 55).

스위스는 신교와 구교의 대립을 거쳐서 22칸톤(군 정도의 주, 당시는 25칸톤)의 맹약국이 되었고, 1815년 빈 회의에서 독립이 공인되었다. 이윽고 헌법을 개정하여 25년 전에 겨우 안정을 되찾았다고 한다. 중심 정부는 완성되었으나 각 칸톤의 법에 논쟁이 있어서 아직도 협정이 맺어지지는 않고 있다.

1848년의 협의에서 베른에 정부가 두어졌으나, 세입 · 세출은 500만 달러 내지 550만 달러에 불과하였다. 대통령은 7장관 중 국무를 담당하는 장관이 맡으며, 연봉은 2,400달러로 평상시에는 여관에 기거한다고 한다(五, 54~55).

> 그러나 이 나라는 한번 전쟁이 일어나면 중립을 굳게 지켜서 병사 한 사람도 국내에 들어오지 못하게 한다. 적이 공격하면 몰아

내고, 타국의 권리를 존중하기 때문에 적병이 국경 밖으로 나가면 그 이상 추격하지 않는다. 또 다른 나라에 병사를 침범시키지 않는다. 앞서의 3요건을 지키는 것이다. 그 때문에 민병을 두고(총 20만, 군사비는 50만 달러), 외국의 침입을 막기 위해서는 "전 인민이 분발하여 사력을 다하는 것이 불을 진압하는 것과 같으며, 집집마다 병사를 연구하고 총과 군복을 준비하지 않는 집이 없다"라고 한다.

부인들은 식량 보급에 노력하며 부상자를 치료한다. 국민은 설령 죽음에 이르더라도 타국에게 권리를 침해당하는 치욕을 받지 않고자 한다는 것이다. 그 기개가 "나라는 작아도 대국 사이에서 강병의 자존심이 높아 타국이 감히 이 나라를 침범하지 않는다"고 단언하고 있다(五, 56).

소국의 자주 · 독립

여기에서는, 약육강식의 유럽의 국제정치 속에서 소국에는 안으로는 자주 독립의 기개가 넘치고, 밖으로는 거국적으로 타국의 침략을 막는 거국체제가 있다고 강조하는 『실기』의 자세가 잘 나타나 있다.

당시 일본이 소국이었기 때문인지 소국에 대한 이 서술은, 그 애국심 교육(제3장의 3 참고)을 포함하여 힘주어 강조하고 있다. 앞서 인용한 바와 마찬가지로 이는 일본에게 절실한 것이었기 때문이다. 그러나 이 소국을 목표로 하는 선택은 어느 사이엔가 사라

지고 말았다. 일본의 근대화는 소국의 길이 아니라 오로지 대국의 길을 추구하였던 것이다.

2. 티에르와 비스마르크

사이온지 긴모치와 파리 코뮌

파리 코뮌은 1871년 3월 18일부터 5월 28일까지 73일간 계속된 노동자 중심의 자치정부였다(일찍이 비스마르크는 이를 노동자 권력의 원형이라고 자리매김하였다).

당시 24세의 사이온지 긴모치(西園寺公望)는 1871년 3월 27일 런던에서 파리로 건너왔다. 파리 코뮌이 성립한 지 9일째 되는 날이었다. 그는 파리 코뮌을 목격한 일본인 중 하나였다.

그는 이 파리 코뮌을 '간교하고 치욕을 모르는 무리' 라고 표현하고 '적도' (賊徒)라고도 표현하였다. 정부군은 이 적병을 "체포하면 바로 전부 죽여서 그 시체가 길가에 즐비하였다" 고 하시모토 사네야나(橋本實梁)에게 보낸 편지에 기록하였다(木村毅, 『西園寺公望』 沙羅書房, 1948).

이 1871년 여름의 파리의 모습을, 가쓰라 아키오(桂圭男)는 다음과 같이 묘사하고 있다.

사상 최초의 프롤레타리아 혁명정부, 파리 코뮌이 피바다와 불길 속에서 일순 역사에 빛나는 모습을 드러냈다가 사라진 지 아직 얼마 지나지 않았다. 마로니에와 장미꽃의 향기에 섞인 채 파리 가도에는 시체의 냄새와 연기 냄새가 아직 남아 있고, 햇빛이 내리쬐는 대로변의 가옥 여기저기에는 총탄 자국이 있으며, 타버린 건물의 잔해가 아직도 검은 흉물스러운 모습으로 남아 있었다. 정리되지 않은 바리케이트와 부서진 보도블록과 건물 벽에는 검붉은 핏자국이 총알 자국과 함께 산재되어 있어서 격렬하였던 시가전의 모습을 생생하게 남기고 있었다(『파리 코뮌』 岩波新書, 1971).

이와쿠라 사절단과 파리 코뮌

이와쿠라 사절단이 파리에 도착한 것은 1872년 12월 16일이었다. 파리 코뮌이 붕괴하고 1년 반이 경과한 시점이었다. 영국에서 온 일행은 개선문 가까이에 있는 옛 터키 대사관을 숙사로 정하였다. 그곳은 조망이 좋았다. 이때는 시가전의 상흔은 지워져 있었다. 다만 개선문만이 수리 중이었다. 코뮌군이 이 문 위에 대포를 설치하고 정부군에 저항하였기 때문에 정부군의 반격으로 일부가 부서졌던 것이다(三, 41~43).

『실기』는, 파리 코뮌이 일어난 이유를 프랑스 국제의 유동성과 소당 분립에 의한 정치 격동성에 있다고 본다. 파리 코뮌은 정부에 저항하는 '민당의 반란'(三, 43)이며, '적도'(三, 66)라고 한다. 그리하여 파리 코뮌은 보불전쟁(1870~1871)에서 프러시아군에 의한 피해보다 더 큰 피해를 주었다고 보고 있다(三, 141). 이렇게 받아들이는 태도는 사이온지(四園寺)의 태도와 상통한다.

대통령 티에르

파리 코뮌을 탄압한 것은 아돌프 티에르(1797~1877)였다. 티에르는 정치가이면서 『프랑스혁명사』(전 8권, 1827년 완성)를 저술한 역사학자이기도 하다. 마르세유에서 태어나 저널리스트가 되었으나, 루이 필립의 입헌정치가 되자 뜻을 얻어 1836~1840년에 걸쳐 총리를 지냈다. 그러나 1851년 루이 나폴레옹의 쿠데타로 추방되었다. 그 후 정치에 복귀하여 웅변가로 이름을 떨치고, 1871년 행정장관에 임명되었다. 그는 파리 코뮌을 진압하고 1871년 대독 강화를 맺을 때 거액의 배상금을 지불한다고 독일에 약속했다.

같은 해, 제3공화제 초대 대통령이 된다. "국맥을 유지하고, 진보의 기운을 놓치지 않는" 노련한 정치가라고 『실기』는 평가하고 있다. 사절단이 그를 알현하였을 때에 그는 이미 75세였는데, "자그마한 늙은이로, 언어와 용모가 온화하다"라고 『실기』는 표현하고 있다(三, 63~65). 구메의 『회고록』에는, 이 키 작은 노인의 얼굴이 "비구니와 같다"고 말하고, 부사인 기도와 오쿠보는 키가 큰 것이 유난히 눈에 띈다고 서술하고 있다.

아돌프 티에르

그러나 마르크스에 의하면, 티에르의 모습은 완전히 달라진다. 그의 저작 『프랑스내란』에서는 "추악한 말놀음꾼으로 사상 대신 계급적 편견을, 심정 대신 허영심을 품고, 공생활은 비열하였으며, 사생활은 부끄러움을 모르는" 사람이라고 하였다(『마르크스 엥겔스 선집』 제11권, 大月書店, 1954).

중등 이하 인민에 대한 시선

그런데 개선문이나 천문대 등 파리 곳곳에 남겨진 파리 코뮌의 흔적을 본 일행은 거기서 근대국가의 새로운 모순을 읽고 있다.

> 문명국에서도 중등 이하 인민들은 어리석고 완고하며 사나움을 면하지 못한다. 서양 각국이 상하 모두 통하는 미풍양속을 갖고 있다고 하는 것은, 또한 큰 오류이다(三, 141).

유럽 근대국가는 위로부터 아래 계층에 이르기까지 질서가 있고 멋있다고들 하지만, 그것은 사실과 다르다. 중등 이하의 인민은 완고하고 어리석으며, 또한 난폭하여 통제하기 힘들 정도라는 것이다. 중 · 하층 인민에 대해 사절단은 강한 인상을 받았다. 그것은 일본에 귀국한 후, 메이지 10년대에 일어나는 자유민권운동에 대한 정부의 눈과 일치하는 부분임에 틀림없다.

재상 비스마르크

보불전쟁에서 프랑스를 격파한 프러시아의 재상 비스마르크

(1815~1898)는, 파리 코뮌을 탄압한 티에르를 지지하였다. "무엇보다도 티에르만이 50억 프랑의 배상금을 보장"하였기 때문이다, 라고 『비스마르크전』의 저자 에리히 아이크는 말한다(加納邦光 역, 제6권, 펠리칸사, 1998).

에리히 아이크는 비스마르크에 대해 여러 가지 분석을 하면서, "비스마르크는 독일 국민 대다수가 갈망하는 민족적 실현자이며, 정치면에서 전 국민의 주목을 한 몸에 모으는 인물이었다"라고 서술하고 있다. 비스마르크에 의한 독일 제국은 1871년 1월 18일에 성립하였다. 일본에서 폐번치현(廢藩置縣)을 단행하기 6개월 전이다.

비스마르크는 1815년 융커(독일 엘베강 동쪽에 많이 존재하였던 대지주 귀족)의 가정에서 태어나 괴팅겐 대학에서 공부하였고, 사법관과 행정관을 역임하고 일시 군에 적을 두기도 하였으나, 부친 사후에는 자신의 영지를 경영하는 데에 종사하였다. 1847년 33세로 프러시아 연합 지방의회의 회원이 되고 이윽고 프랑스 주재 공사, 러시아 주재 공사가 되었다. 1861년 빌헬름 1세(1797~1888)가 즉위하자 다음해 다시금 프랑스 주재 공사로 임명되었다. 나라의 국력을 감안하지 않으면 안 되는 국제무대에서 그는 현실 정치가로 권모술수를 점차 몸에 익혔던 것이다.

1862년 비스마르크는 재상이 되었다. 그때의 그는 이미 융커 출신의 단순한 지방귀족은 아니었다. 그는 독일의 통일을 목표로 하고 있었다. 국왕을 보좌한 비스마르크는, 1864년 덴마크를 격파하고 1866년에는 오스트리아마저 격파하여 7주 만에 전쟁을 끝내었다. 나아가 1871년에는 보불전쟁에 승리하여 프랑스로부터 알자스 로렌 지방을 할양받았으며, 앞서 언급한 거액의 보상금을 받게 되었다. "비스마르크의 위명은 세계에 울려 퍼지는 듯하다"라고 『실기』는 기록하고 있다(三, 329).

비스마르크

1873년 3월 9일 베를린에 들어간 이와쿠라 사절단은 11일 빌헬름 1세를 알현하고, 다음날 비스마르크와 참모총장 몰트케를 만나 회견하였다. 그리고 사절단 일행은 15일 비스마르크가 초청한 만찬에 임하였다.

비스마르크가 말하는 독일

비스마르크는 사절단 멤버들에게 자신이 온갖 고초를 겪으며 정치가가 된 경력을 소국 프러시아가 대국 독일제국이 된 과정과 연결지어 거듭 말하였다.

지금 국제간의 「만국공법」(국제법 · 국제공법)은, 모든 나라의 권리를 보전하는 법전이라고는 말하기 어렵다. 이는 소국이 이 법을 지키려고 노력하는 데에 반하여 대국은 자기에게 불리하면 군사력을 동원하여 이를 무시하므로, 소국은 '자주의 권리'를 유지하지 못하기 때문이다. 유럽 친목의 모임은 아직 믿음을 둘 수 없다. 이것이 내가 소국에서 태어나 그 정태를 잘 알게 된 것이며 가장 깊이 이해하는 바이다.

그는 일본이 친목을 도모해야 할 나라는 많이 있겠지만, 이와 같이 "국권 자주를 중시하는 독일이야말로 가장 친할 수 있는 나라이다"라고 강요하였다. 『실기』는 이 비스마르크의 말을 '깊은 의미가 있는 것'이라 하고 나아가 "음미할 만한 말이라고 할 수 있다"라고 기술하고 있다(三, 329~330).

몰트케의 연설을 주목하다

군사 전략가로 이름을 떨쳤던 몰트케는 1874년 2월 의회에서 연설하였으며, 이를 『실기』는 거슬러 올라가서 기록하고 있다.

법률, 정의, 자유는 국내를 보호하는 데에는 충분하지만, 국외에서는 병력이 없으면 불가하다. 국외 중립을 선언하고 공법의 방패에만 안주하려고 하는 것은 소국이며, 대국은 국력을 통해 그 권리를 달성한다.

이는 만국공법을 둘러싼 대국과 소국의 존재에 대한 비스마르크의 발언과 같은 취지라고 하겠다.

나아가 몰트케는, 지금 여기에서 목표로 하고 있는 것은, '평화'를 유지하는 것만이 아니라 "평화를 관리하고, 만국으로 하여금 독일을 유럽의 중심 국가로 인정하게 하며, 전 유럽의 평화를 보호하는 것이라고 말하고자 한다"라고 말을 이었다. 그 때문에 "군비를 갖추는 것일 뿐이다"라고 단언한다(三, 340~342).

지금 이 몰트케의 발언 가운데에 '독일'을 '미국'으로 바꾸고, '전 유럽'을 '전 세계'로 바꾸어 보면, 1세기 이상이 지났음에도 거기에 공통점이 있음을 발견하게 된다.

몰트케의 의회 연설을 『실기』가 기록하고 있는 이유는, 그 연설이 비스마르크의 주장을 보다 확실하게 보여 주고 있기 때문이다. 혹은 리셉션에서 같은 취지의 대화가 이루어졌는지도 모르겠다. 참으로 "음미할 만한" 내용이었으리라. 그러나 이 말을 단지 긍정적으로만 받아들이는 것은, 이하 소국 문제를 염두에 둔다면 신중해진다.

여기서는 소국과 대국의 문제를 다시 한 번 검토해 보자.

소국과 대국

『실기』가 들고 있는 대국은, 미국 · 영국 · 프랑스 · 러시아 · 독일 · 오스트리아 등이다(五, 22). 그중에서도 미국 · 영국 · 프랑스를 '3대국'이라고 하였다(三, 165). 소국으로는 벨기에 · 네덜란드 · 작센 · 스위스 · 덴마크 등이다(五, 22).

『실기』 전 100권에서 차지하는 권수 비율은 당시 유학생 파견 수 등을 감안하여 대비해 보면, 일본의 관심도와 거의 비례한다(체재일수를 비교하는 것은 당초의 스케줄이 너무 바뀌어서 별로 의미가 없다). 이 권수를 살펴보면, 미국과 영국은 각 20권으로 상당한 비중을 차지한다. 독일이 10권, 프랑스가 9권, 러시아가 5권, 그리고 오스트리아가 3권이다. 소국으로 벨기에 · 네덜란드 · 스위스가 각 3권, 덴마크가 1권, 작센은 반권이 할당되어 있다. 이들 각 소국들의 권수는 적지만 전체를 합하면 10권이 조금 넘으며, 이는 독일과 비슷한 수준의 분량으로 프랑스에 대한 분량보다 많다. 그렇다면 결코 그 관심도가 낮다고 할 수 없다. 오히려 의외라고 할 만큼 높은 관심을 보이고 있다고 하겠다. 이미 언급했으나, 벨기에 · 네덜란드가 일본에 준 영향은 '3대국' 보다 절실한 바가 있었다는 부분을 상기해 주기 바란다.

그것은 이러한 소국이 대국 사이에 끼어서 '자주의 권리' 를 유지하고, 국가 경영의 힘이 대국을 뛰어넘고, 나아가 세계 무역에도 큰 영향을 미치고 있음을 알았기 때문이다. 이 원동력이 '인민들의 근면함과 협동 정신' 이라고 파악하고 있음도 앞에서 언급하였다.

자본주의 자유경쟁을 『실기』는 '평화로운 전쟁' 이라고 표현하였다. 빈 만국박람회에서 벨기에나 스위스의 출품은, "백성의 자주를 이룩하고 부를 축적하는 모습은 대국(大國)을 감동시킨다" 라고 기술하고 있다. 그리하여 "국민 자주의 생리에서 크다고 두려워하지 않으며 작다고 무시하지 않는다" 라고 하였는데, 이는 자주 · 자유를 유지하는 소국의 입장에서 기록한 글이라고 할 수 있다.

이 소국에 대해서는 애국심 교육과 관련이 있다.

소국의 애국심 교육

소국에서 애국심 교육은 매우 중요하다고 『실기』는 인식하고 있다. 스위스 농촌에서 일행은 집집마다 사냥꾼 모습을 한 3명의 인물화가 걸려 있음을 주목하였다. 그 인물들이 누구냐고 물으니, 중앙에 활을 갖고 있는 사람이 스위스의 전설적 영웅 윌리엄 텔이었다. 『실기』는 루체른의 '빈사의 사자상'(프랑스 혁명 중인 1792년 8월 10일, 파리 튈르리 왕궁에서 루이 16세 일족을 최후까지 사수하였던 스위스 용병의 신의와 충성을 기념하여 1821년 덴마크 조각가 토르발센이 디자인하여 제작함)과, 윌리엄 텔의 그림에 대해, '무훈'과 '애국심'을 보여 주는 것으로, 어린이나 여성도 이를 기억하고, "후세 사람들에게 전하여 세계 제일의 미풍양속을 갖고 있는 나라라고 자부한다"라고 기록하고 있다(五, 83). 그것은 이 나라의 자주 · 자립의 정신과 관계한다. 초등학교에서 역사를 가르치는 것도 "선열의 뜻을 이어 애국심을 양성하고자 하는 것으로, 동양 역사의 체제와는 크게 다르다"라고 서술하고 있다(五, 83).

『실기』는 한 나라의 자주 · 자유와 애국심 교육 그리고 역사교육과의 관계를 이처럼 구체적으로 예시하면서 서술하고 있다. 소국에 있어서 이러한 일이 얼마나 중요한 일인지 강조하고 있는 것이다.

애국심과 음악회

『실기』의 애국심에 대한 관심은, 이미 미국 보스턴에서 '태평악회'(太平樂會, World Peace Jubilee)라고 불리는 음악회(남북전쟁 특히 보불전쟁이 끝나고 평화가 다시 찾아온 것을 기념하는 음악회)에 참석하였을 때에 이미 나타난다. 여기에는 영국이나 독일의 음악대가 참가하였으며, 이때 영국 친위대의 연주는, 미국 독립전쟁 시에 포로가 되었던 사람이 애국심을 견지하여 굴복하지 않았던 일을 테마로 한 곡이었다. 청중은 감동을 받았으며 "손뼉을 치고 발을 구르며 울기도 하였으며" 앙코르를 청하였다고 한다.

이 성황을 보고, 『실기』는 애국심은 인정의 자연스러운 발원이며 '충성의 근원'이라고 서술하였다. 그리고 구미의 개화는 "애국심에서 시작된다"라고 단정하였다. 구미에서는 인민의 교육을 '국사'에서 시작한다. '애국심을 이끄는 과목'이기 때문이다. 학교 교육에서 역사 교육과 애국심과의 관련을 지적하고 있는 것이다(一, 297~298).

다만 이 '태평악회'를, 음악사의 관점에서 상세히 분석한 나카무라 고스케(中村洪介)의 저서 『서양의 음, 일본의 귀—근대 일본 문학과 서양 음악』(春秋社, 1987)에 의하면, 『실기』는 곡의 내용을 오해하고 있으며, 청중의 감동은 "용장 활발한 애국심을 고무했기 때문이 아니라 순수한 음악적 감흥이라고 이해하는 것이 자연스럽다." 저자는 "그들의 무지에 의한 오해에서 비롯된 감격이 아니라 그들 나름대로 진지한 태도로 서양 음악을 접하고, 그들 나름대로의 이해를 통해 듣고 감동하였다는 사실이다"라고, 서양 음악 수용사(受容史)의 입장에서 분석하고 있다.

보스턴의 태평악회

『실기』 서술에 대한 해석은, 객관적인 사실을 검토한 후에 이루어져야 한다는 좋은 예로 위 사실을 기록하여 둔다.

소국주의에 공감

이상과 같은 『실기』의 소국에 대한 공감을 보여 주는 기술은, 지금까지 오랫동안 전혀 주목받지 못하였으며 지적되지도 않았다. 그러나 이와쿠라 사절단의 보고서 중에 근대국가를 추구하는 선택의 한 모델로서 소국 일본을 염두에 두고, 이처럼 기술되어 있음은, 그 자체로 의미가 깊다.

나아가 이 소국 모델은 대국을 지향하던 메이지 정부에 저항한 우에키 에모리(植木枝盛) 등 자유민권운동가들의 헌법초안과 상통하며, 그 이론적 지도자인 나카에 조민(中江兆民)의 발상과도 일치한다. 이후 이는 역사적 복류(伏流)로 남아서 전후에도 계속되고 있음에 주목해 두고자 한다(田中彰, 『小國主義』 岩波新書, 『소일본주의』로 도서출판 소화에서 출간).

"강병론"이 없는 기술

여기서 『실기』의 군사에 관한 기술에 대해 언급해 보자. 「총설」에는, 자연환경 · 산업 · 무역 · 교육 · 종교 등 각 분야에 대한 서술이 있지만, 「군사」에 대해서는 항목조차 없다. 사실 전체적으로 보아도 군사에 대한 기술은 매우 적다.

영국이나 러시아에서 해군이나 육군의 개략에 대한 설명은 있지만, 군사에 대한 내용은 그다지 눈에 띄지 않는다. 독일의 철강왕 알프레트 크룹의 총포 제조 공장 등에 관해서는 비교적 상세하게 언급하고 있으며, 오스트리아의 무기고를 중심으로 군사 공장 등에 대해서도 기술하고 있지만, 「총론」 부분에서 '정속' '지리 및 조운' '기후 및 농업' '공업' '상업' 처럼 항목이 설정되어 있지는 않다. 그렇다면, 『실기』의 서술 역점은 '강병'(强兵)이 아닌 '부국'에 있다고 말할 수 있다. 이러한 사실은, 『실기』를 이후 일본에서 펼쳐진 '부국강병' 정책의 '부국'의 출발점이라고는 할 수 있지만, '강병'의 출발점이라고 말할 수 없음을 의미한다. 여기에 일본 근대사의 출발점에서 『실기』를 자리매김할 의미와 필요성이 있다고 할 수 있다.

3. 학교와 수업—교육의 실태

미국의 교육

전 절에서 애국심을 둘러싸고 교육에 대해 언급하였지만, 여기서는 교육의 실태에 대해 학교제도와 수업을 예로 『실기』의 서술을 살펴보자.

우선 미국의 교육에 대해서 살펴보자. 사절단이 미국에 머문 것은 거의 건국 100주년 시기였다. 일행은 아메리카 대륙을 보고, 이 광대한 국토가 단지 1세기 만에 개척되고 매우 빠른 속도로 발전한 것에 대해 생각하였다. 이에 비하면 국토가 협소한 일본은 오랜 역사를 갖고 있으면서도 별로 발전하지 못한 것은 아닐까. 이 차이는 어디에서 오는 것일까. 그것은 경제력의 문제만은 아니다. 오히려 인력을 포함하는 '물력'(物力)의 차이에 있다, 고 지적한다. 그리고 일본에 결여된 것이 종교와 교육의 힘이라고 생각한다.

특히 눈여겨본 것이 보통교육이다. 교육이 보급되지 않는 한 개척의 에너지를 얻을 수 없다고 본 것이다. 『실기』 중에 대학에 관한 기술이 없지는 않으나, 시찰의 시점이 어디까지나 보통교육에 관심이 두어진 이유이다.

『실기』는 말한다. 미국에서는 일률적인 학교는 없다. 즉 그것은 연방정부의 일이 아니라 각 주정부가 행하는 중요한 사무이다. 따라서 각 주의 의원이 '교육세' 나 '적금', 나아가 '건교권학직제'

(建校勸學職制) 등을 검토한다. 마치 이는 미국의 본령인 "인민의 뜻에 맡겨서 사람들이 스스로 분발하도록 하는" 모습을 보는 듯하다. 또 유럽처럼 부형을 독려하거나 법으로 강제하는 것은 없다, 고 한다. 사람들은 불학을 부끄러워하며 스스로 공부하고자 한다고 한다. 또 매사추세스 주는 1863년 이후 아이들을 입학시키지 않는 부모에게 20달러의 벌금을 부과하고 있다.

미국은 남북의 사정이 다르지만, 다양한 과정을 거쳐서 각 주의 주정부가 학교를 관할하게 되었다, 고 서술하고 있다(一, 70~71).

영국의 교육

영국의 교육은 어떠한가. 다음은 런던의 경우이다.

런던에서 사절단 일행이 방문한 초등학교는 아동 수 150여 명, 7~8세에서 13~14세까지의 아동들을 대상으로 '언어, 글짓기, 쓰기, 교법, 그림, 국사, 지리, 음악' 등을 가르치고 있었다. 물리 수업은 보지 못하였으나 이것도 가르치고 있음에 틀림없다, 고 한다. 여자에게는 '방직'을 가르치고 있고 그 방법이나 실의 배열 등은 모두 '수리광학'과 관계가 있으므로 일견 '단순한 수업'처럼 보이지만, '학리'로서는 깊이가 있는 것이다, 라고 지적하고 있다.

이 학교에는 또 5~6세의 유아도 30여 명이 있어서 노래와 글쓰기 놀이를 통해 자연스럽게 학예의 준비를 하고 있었다. 인간은 이 세상에 태어나서 "귀와 눈에 감각이 생기면 자연스럽게 학문의 마음이 생겨난다"라고 한다. 얼마나 유아교육을 중시하는지,

그리고 어떻게 교육할 것인지, 어린이들의 입장을 생각하면서 설명하고 있다.

런던에는 공립학교는 250개, 사립은 1,500개가 있다고 한다. 영국에는 대학으로는 옥스퍼드 대학과 케임브리지 대학이 있으며, 도회지에는 유혹이 많으므로 대부분의 학교는 도회지를 벗어난 교외에 있다, 고 서술하고 있다(二, 100~101).

프러시아의 교육

프러시아의 경우는 어떠한가.

프러시아의 교육은 유럽에서는 최상이라고 한다. 정부는 특히 교육에 힘을 기울여 각 군 · 촌의 인민들도 세금으로 이를 보조하여 초등학교를 세우고, 지방 공무원들은 학교 유지 업무를 겸하여 담당한다. 부모는 반드시 자녀들을 학교에 보낸다. 정부는 세입의 2퍼센트를 부담하여 가난한 아동은 공공의 비용으로 교육을 받게 한다. 각 마을의 학교 수업료는 주당 1크로센, 도회지에서는 10크로센이다. 아동의 6분의 1은 언제나 학교에서 공부하고 있으므로, 전국에서 글자를 모르는 자는 드물다, 고 기록하고 있다. 1870년 전국의 초등학교는 2만 5,480개교이며, 교사는 3만 1,053명으로, 298만 5,870명의 남녀 아동을 교육시키고 있다, 고 자세한 수치까지 들고 있다. 중학교는 1864년에 508개교, 교사는 1,797명, 학생 수는 9만 899명이다. 그 외에도 기술학교, 라틴어학교 등이 302개교가 있으며, 교사 수는 2,812명, 학생 수는 5만 5,700명이며, 10개교의 대학교가 있다, 고 서술하고 있다(三, 284~285).

스웨덴의 초등학교

북유럽의 스웨덴으로 눈을 돌려보자.

사절단은 1873년 4월 29일 스톡홀름의 유명한 초등학교를 방문하였다. 이 초등학교의 총 경비는 40만 프랑크이며, 정부는 겨우 6,000프랑크만 지원한다. 여기에서는 5~6세에서 14~15세까지 수용하며, 총 수는 1만 명, 대부분이 빈민의 자녀들이다. 보통학과를 공부하고 졸업 후에는 각자의 가업에 종사한다. 일체의 비용은 학교가 부담하며 가정에 부담시키지 않는다. 학비는 시중에서의 모금에 의해 조달된다, 라는 것이다.

여기에는 남성 교사도 여성 교사도 있다. 초보 교원은 25명의 학생들을 가르치며, 베테랑은 45~60명에 이르는 학생들을 가르치는 경우도 있다. 그 교육 방침은 미국과 비슷하며, 아동의 착석과 진퇴의 동작을 가르치는 것은 일본과 비슷하다. 두 줄로 보조를 맞추어 순서대로 자기 자리에 가서 일제히 앉는다. 그 행동은 마치 군대의 대열과 같다, 고 서술하고 있다.

'일어섬' 과 '꿇어앉음'

그런데 여기서 동작의 기본은 "일어서" 였다. 일본의 '꿇어앉음' 과는 다르다. 유럽과 일본의 기본 동작이 서로 다름을 지적하고 있다. 이 기본 행동의 시점을 넓혀서 동서의 차이를 말하자면,

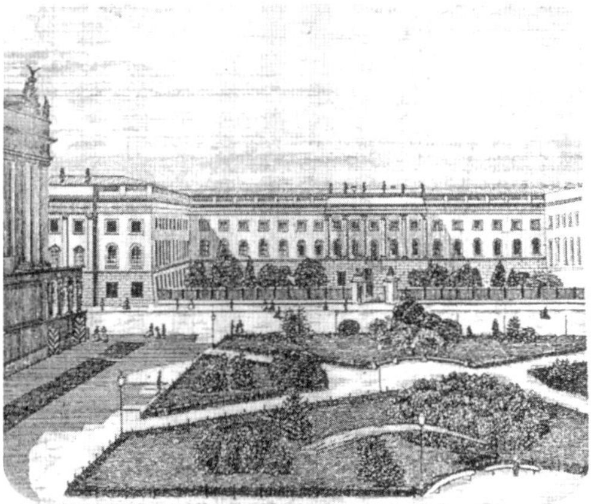

베를린의 베를린 대학

서양의 '일어섬'의 눈높이와 일본의 "끓어앉은" 눈높이의 차이이다. 일본의 기본 동작에는 방[和室]이 있고, 문지방이 있으며, 족자가 있으며, 수묵화가 있다. 명백하게 생활양식의 차이가 드러난다. 그것은 서양 댄스의 기본 동작이 '움직임'인 데 반하여 일본 무용의 기본동작이 '정'에 있음과 같다.

『실기』에서 행동양식을 대비한 설명은 동서양에 있어서 생활문화, 그 배후에 있는 문화 · 문명의 차이를 지적하는 것에까지 미치고 있다.

『실기』의 보통교육에 대한 관심

유럽에서 남녀 학생에 대한 차별은 없다. 남녀 모두 소형 총을 다루는 '운동 조종'을 가르치고 있다. 학교에 있는 동안에 그들은 가능한 한 많은 과목을 배우며 놀 틈이 없다. 배우는 과목은 평이하다. 그것은 배우는 어린이들이 지겨워하지 않도록 배려한 것이다. 만일 어린이들에게 모두 암기하도록 강제한다면 그들은 배우기를 싫어하게 될 것이며, 오히려 "큰 해를 초래하여 문명을 권하고 학문을 진척시킬 마음을 막아 버리게 된다"고 한다. 이러한 배려가 '보통 학과의 가장 중요한 요강'이라고 일행은 교육 전문가에게 설명 들었다(四, 190~191).

그리하여 『실기』는 다음과 같이 논평한다.

> 서양에서는 초등학교에서 보통 교육을 할 때에 모두 평이하고 접하기 쉬운 것을 가르치며, 남녀귀천이 없이 생명을 유지하고 인생의 행복을 누리기에 반드시 필요한 과목만을 엄선하여 가르친다(四, 191).

여기에는 초등학교에서의 보통교육이 가장 중요하다는 것을 말하고 있다. 학생들의 이해력과는 상관없이 무조건 암기가 강요되었던 일본의 교육 방법이나 실태와 큰 차이를 느끼고 있는 것이다.

학과에 대해 다시 언급한다면, 서양의 필수 교과목은 어학 · 문법학 · 미술 · 수학 · 국사 · 지리 · 보통과학 및 음악의 8개 과목이다. 그 외에 체육과 윤리가 있다. 윤리학은 품행에 관한 것으로 '빈부, 화복, 영달, 영고 등이 모두 품행에 의해 생기는 것'이라 하

여, 윤리가 8개 과목 중 가장 중요하다는 사실을 지적하고 있다(四, 191~192)

이러한 교육에 의해 스웨덴 사람들은 생기 있고 활발하며, 슬기로우며, 학예를 좋아하고 '모두 자강의 능력'이 왕성하다는 것이다. 전쟁 시에 "강건한 병사를 내보내는"(四, 166) 스웨덴의 상황은 이렇게 만들어진 것이라고 보고 있다.

스위스의 교육

스위스의 베른에서 기록한 글을 주목하여 보자.

사절단은, 아침 9시부터 시아프텔 교수의 안내로 초등학교를 방문하였다. 이 학교는 4층 건물로 규모가 큰 학교였으며, 4~5세의 유아들에게도 문자와 숫자를 가르치고 있었다. 일반적으로는 7~8세에서 13~14세의 어린이들이 배우고 있었다. 앞에서 말한 스웨덴의 8개 과목에 '글쓰기' 과목이 더 있었고, 음악도 함께 가르치고 있었다.

위의 8개 과목은 모두 인생에 필요한 것으로, 국민이 되기 위해서는 불가결한 것이라고 한다. 그러면 노래는 어떠한가.

노래는 인간의 '생각을 노래로 표현하려는 뜻'을 실현하여 "심성을 온화하고 맑게" 만든다고 한다. 그것은 마치 새가 자연스럽게 노래하면서 스스로를 위로하는 것과 마찬가지다, 라고 보는 것이다. 그러므로 서양의 학교에서는 노래를 가르치지 않는 곳은 없다. 노래는 또 "부인의 마음을 유순하게 하고 아름답게 하는" 효과가 있다, 고 한다. 동양에서도 마찬가지로 옛날부터 '예악' 을 중시하였다, 는 것이다(五, 93~94).

동양과 서양의 차이에 대한 지적

『실기』에서는 다음과 같이 동양과 서양의 차이를 지적하였다.

> 생각건대 동양의 학은 도덕정치에서 시작되어 오로지 수신 한 과목에서 발전하여 '무형의 이학(理學)', '고상한 문예' 를 즐겼다. '일용생리' 에 대해서는 "외람되고 속되다" 라며 무시하려고 하였다. 그러므로 교육은 일반 사람들에게 미치지 못하였다. 부인은 "규방 속에 깊이 유폐" 되어서 '인생의 기쁨' 을 느끼지 못하였다. 농 · 공 · 상에 종사하는 사람들은 '외람되고 속된 생리' 에 쫓겨서 여유가 없으므로, '인륜의 도' 를 듣지 못한다. 이리하여 '전 국민이 문맹 상태' 에 있어서, 선비와 군자만이 그 뜻을 고상하게 할 뿐이다. 그런 고로 '재산생리' 에도 어둡게 된다. 그 때문에 점차 사람들은 빈곤하게 될 뿐이다.

서양은 이와는 반대로 '재산생리' 에 곤란하지 않고 '국민의 의무' 를 다해야 함을 알고 있다. '배워서 아는' 것이 기본이며, '유형의 이학' 에 노력하며, '생계를 영위하는 이치' 를 터득하고 있다. 그러므로 '수신의 이치' 는 종교가에게 맡긴다. 문화나 학문은 전국에 널리 퍼져 있으며, 그들은 또한 '미래의 명복' 을 바라마지 않는다. 이러한 사람들은 그 '생리를 열심히 탐구' 함으로써 '예절' 을 알고, 야만의 행위에서 벗어날 수 있다. 동양과 서양 학문의 지향점이 다르다, 고 한다(五, 94~95).

이것은 아시아가 '무형의 이학', 즉 공리공론을 추구한 것에 대해, 유럽에서는 '유형의 이학'이라는 합리적이고 현실적인 사고를 깊이하고 있다는 확인이었다.

자유교육령과 교과서, 그 변용

위와 같은 『실기』 기술의 배후에는, 이사관 문부대승 다나카 후지마로(田中不二麿) 휘하로 미국에서 합류한 3등 서기관 니지마 조(新島襄)가 있었다. 그는 교육에 관한 상세하고 극명한 조사 보고서를 제출했다. 이것이 문부성의 『이사공정』(理事功程)이다. 거기에는 "구미의 여러 나라가 특히 문명을 중시하여 일찍부터 개화의 공적을 얻으니, 이는 직업과 백성을 잘 이끄는 방침을 터득한 때문이다"라고 한다. 문명개화를 목표로 하였을 때에 교육이 얼마나 중요한 것인지 잘 알고 있는 것이다.

다나카 후지마로는 사절단이 귀국한 후, 문부대보가 되어서 이미 계획되었던 획일적인 학제를 폐지하고 1879년 9월 교육령을 제정하였다. 그때에는 기도 다카요시(木戶孝允)가 잠시 문부대신을 역임하였다.

이 교육령이, 이른바 자유교육령이라고 불리는 것이다. 미국을 모델로 삼아서 지방 실태에 알맞은 교육을 실시하도록 한 것이다. 즉 지방의 실정에 알맞게 지역의 자립성을 중시한다는 생각이었다.

당시 교과서 출판 상황을 여기서 잠시 살펴보면, 1868~1870년에는 도쿄에서 출판된 것이 78퍼센트 이상이었으나, 1877~1879년에는 43퍼센트로 절반 가까이 감소하고 있다(仲新, 『근대교과서의 성립』 특히 제2장 7절, 大日本雄弁會講談社, 1949).

아마도 이 교과서 출판 경향과 교육령의 방향은 서로 대응하고 있다고 할 수 있을 것이다. 그러나 자유교육령은 다음해인 1880년 12월에 전면적으로 개정되었다. 중앙집권화에 의한 국가 통제 강화가 목적이었다. 이것을 추진한 것은 부사 이토 히로부미(伊藤博文)였다. 같은 사절단 멤버에 의한 이러한 변화는, 『실기』 그 자체가 점차 정부로부터 잊혀져 가는 운명에 있었다는 사실과 관련 깊다. 문화 · 문명 수용 과정에서 정책의 취사선택과 그에 따른 변용이라고 해야 할 것이다.

IV. 자본주의 시스템

워싱턴의 시장 풍경

1. 공장과 노동자—산업의 구조

산업혁명의 보고서

이와쿠라(岩倉) 사절단은 각국의 산업 실태를 현지에서 목격하였다. 특히 영국에 대해서는 최초의 방문지 미국과 마찬가지로 20권이나 권수를 배정하여 자세하게 기술하고 있는데, 그것은 다름이 아니라 영국이 산업혁명의 나라였기 때문이다. 왜 산업혁명이 일어나게 되었는지를 설명하는 데에서 출발하여, 당시 영국 각지의 공장과 공장에서 일하는 노동자들의 현상(남 · 여 수와 임금 등)을 상세하게 설명하고 있는 것이다.

『실기』의 영국에 대한 기술은 영국 산업혁명의 역사와 현상에 대한 보고라고 말할 수 있다. 그것은 일본에 알려진 가장 빠른 산업혁명 보고서였을 것이다.

일행은 각지의 공장에서 공장 경영, 생산과 기능, 노동자의 기술력, 임금의 실정 등을 알 수 있었다. 과학 기술에 대해서도 많은 서술이 있다. 그러나 과학 기술에 대한 서술의 분석은 필자의 능력

이와쿠라 사절단이 견학한 공장

국명	공장 수	『실기』에서 견학한 시설
미국	20	마차제작소, 모직공장, 조선 · 제철소, 인쇄소, 조폐공사, 우체국, 소총제작공장, 구두 · 의복제작공장, 성경회사 등
영국	53	조선소, 증기차제작소, 방직공장, 제철소, 제당공장, 고무공장, 나사공장, 양모방직공장, 맥주공장, 유리공장, 비스킷공장, 벽돌공장 등
프랑스	12	조폐소, 제철소, 은행, 초콜릿공장, 모직물공장, 향수공장
벨기에	10	면화방직공장, 삼베공장, 제철소, 목재공장, 바늘공장
네덜란드	4	조선소, 주물공장, 금강석가공공장, 은그릇공장
프러시아	9	총포제조공장, 전기기기공장, 도기제조공장, 조폐공장, 제철공장, 지폐제조공장 등
러시아	7	조폐소, 지폐제조공장, 제철공장, 군복공장 등
덴마크	1	군함제조공장
스웨덴	6	모직공장, 조선소, 목재소, 화약공장, 제철공장, 치즈공장
이탈리아	3	도기제조공장, 양잠작업장, 유리제조공장
오스트리아	5	종이공장, 대포제작공장, 목재소, 탄약제조공장, 군복제조공장
스위스	1	시계공장
중국	1	조선소

* 하세카와 에이코(長谷川榮子), 「이와쿠라 사절단의 여성관」(『일본역사』 No. 645, 2002년 2월호)에 있는 표를 이용하여 작성하였다.

을 넘어서므로, 과학사 연구자인 다카다 세이지(高田誠二)의 『유신(維新)의 과학정신』 등에 넘기고자 한다.

사절단은 눈앞에 전개되는 영국의 생산(기계에 의한 대량생산) 현장이야말로, 빅토리아 왕조 번영의 비밀을 푸는 열쇠라고 인식하고 있었다.

그러므로 『실기』는 이렇게 기술하였다(二, 29).

> 영국의 부는 본래 광산의 이익을 기초로 하였다. 이 나라에서의 철과 석탄의 산출량은 「세계 제1」이며, 영국 국민은 그 이익으로 인하여 "증기기관, 기선, 철도를 발명하였고, 화력을 이용하여 증기를 만들어 힘을 수배로 증가시키고" 나아가 방직업과 무역(항해)의 이권을 전유하여, 세계에 군림하는 나라가 되었다.

오쿠보(大久保)가 본 것

부사 오쿠보는 각지의 공장을 견학하고 강렬한 인상을 받았다. 그가 동향인 사이고 다카모리(西鄕隆盛)나 오야마 이와오(大山嚴) 등에게 보낸 편지에는, "영국이 부강한 이유를 알기에 충분하다"라고 거듭 기술하고 있다.

오쿠보의 일기는 희노애락의 표출이 잘 나타나는 기도의 일기와 비교해 보면, 극히 비즈니스적이다. 그의 일기에는 리버풀, 맨체스터, 세필드 등 영국 공업지대의 도시가 열거되어 있다. 그 행간을 통해서 오쿠보의 경탄의 소리가 들리는 듯하다. 훗날 오쿠보 정권의 식산흥업정책에는 영국을 배워서 어떻게 일본에 산업혁명을 심을 것인가, 하는 의향이 읽혀진다.

취재의 열기와 기업 비밀의 벽

『실기』는, 영국을 비롯한 유럽의 '오늘날의 부강'이 도대체 언제부터 시작되었을까를 묻고, 1800년 이후의 일이라고 답한다. 그것은 그때로부터 겨우 40년 전의 일에 불과하다는 것이다. 이러한 언급은 이 정도 차이라면 후발 주자인 일본도 노력 여하에 따라서는 같은 대열에 합류할 수 있다는 기백조차 엿보인다.

그만큼 일행의 공장 시찰은 진지하였다. 멤버의 취재 열기와 능력은, 당시 일행을 안내하였던 사람들의 말이나 그곳의 신문 · 잡지 기사를 통해 충분히 알 수 있다(田中彰, 『岩倉使節團の歷史的硏究』 제1장에서 상술).

그러나 이 사절단 앞에는 두꺼운 벽이 있었다. 무엇보다 기업비밀이다. 『실기』는 공장 시찰과 취재의 애로 사항에 대하여 다음과 같이 구체적으로 7항목을 들고 있다.

(1) 공장주가 비밀로 한다. 예를 들어 영국 에딘버러의 고무공장에서 구메(久米)가 온실을 안내해 준 사람에게 그 제조 과정을 물었으나, 그는 듣지 못한 시늉을 하였다. 이를 본 동행 중 팍스(주일 영국 공사로 당시 귀국 중이어서 사절단을 안내하였다)는 웃으면서, "그 비밀이 알려지면 그 사람은 봉급이 몰수될 것이다"라고 말했다고 한다(『回顧錄』 하권). (2) 분업으로 인해 전체의 파악이 어려웠다. (3) 공장 내 소음으로 인해 설명을 제대로 들을 수 없었다. (4)

일본에서 보고서(메이지 6년 5월의 태정관 보존 문서)를 소실하였다. (5) 견학 시간이 부족하였다. (6) 체계적이고 기술적인 설명을 들을 시간이 부족하였다. (7) 기술적인 이해 능력이 불충분하였다(「例言」).

또한 아시아와 유럽 간에는 이해의 기반에 차이가 있음도 사실이다. 유럽에서는 극비로 취급하는 기술이 아시아에서는 상식이 되어 있는 것도 있었다. 서양에서는 당연하다고 생각되는 것이 동양에서는 잘 이해가 되지 않다가 견학을 통해서 오랜 의문이 한순간에 풀리는 경우도 있었던 것이다.

그러므로 『실기』는 보거나 들은 모든 것을 그대로 기록하였다. "견문 중에 오류가 있는 것은, 보는 사람이 이를 이론에 맞추어서 시정하여도 가하다"(「例言」)라고 하였다.

소르테아 공장촌

일행은 영국 중부 브래드포드(Bradford) 시장이었던 서 타이타스 소르트(1803～1876)가 1871년에 완성한 모델 공장촌인 소르테아를 방문하였다(1872년 10월 24일).

이 공장 촌에는 4개의 폭 넓은 도로가 있고, 그것이 21개의 지선 도로와 연결된다. 4개의 광장이 있으며, 4,389명의 주민이 820호의 노동자 주택에서 생활하고 있었다. 이 '직공 마을' 은, 「직공 마을에 관한 법」에 의해 만들어진 것이었다(小村巧, 「19세기 영국의 공장촌」 『經濟集志』 44-3, 1974).

잉글랜드 중부의 소르테아 공장촌

이 '법'은, 도시에서 회사 혹은 기업가가 노동자를 위해 집을 건축하고, 노동자의 임금 일부를 적립하여 그 노동자의 소유로 만들어 주는 것이었다.

이와 같은 시스템이 영국에서 채택된 것은, 영국인이 "직공을 보호"하고, '빈민구호'에 힘을 기울이는 것을 '번영'으로 삼고 있기 때문이라고, 『실기』는 말한다(二, 286). 그러나 영국인 노동자에 대한 "보살핌을 장려하는" 발상의 배후에는, 노동자들이 어리석고 가난함에 안주하여 눈앞의 쾌락만을 추구하고 장래에 대한 준비가 부족하다는 우민관(愚民觀)이 있었다. 그럼에도 불구하고 『실기』는 이는 일본의 '상평창'(물가조절기관)의 취지와 비슷한 것으로, 이 제도를 더욱 발전시킨 것이라고 말한다(三, 86).

노동자 권리설

노동자에 대한 "보살핌을 장려하는" 정책의 배후에는 프랑스에서 발생한 1848년 2월 혁명에서 대두된 '노동자 권리설'이 있었다, 라고 『실기』는 보고 있다(三, 84).

즉 정부는 노동자에게 일거리를 주고, 노동자의 생활을 보호해야 한다는 것이다. 미국인 이와쿠라 사절단 연구자인 마린 메이요씨는 이 설은 루이 블락(1811~1882)의 이론이 아닐까, 하고 추론하고, 사절단이 이 이론을 프랑스 학자이며 대통령 티에르의 친우인 모리스 브로크(1816~1902)에게 배웠으리라는 견해를 피력하였다(芳賀徹 · 齊藤惠子 역, 「岩倉使節團의 西洋研究」〈앞의 책 大久保편, 『岩倉使節團의 研究』 소수〉). 즉 노동자가 일자리를 얻지 못하고 있는 것은, 이를 보호하고 보살필 의무가 있는 정부의 책임이라는 것이다.

그러나 『실기』는 이러한 논리는 '몹시 사정에 어두운 논리'라고 비판하고, 다음과 같이 말하고 있다(三, 85).

> 이러한 생각이야말로 "백성들로 하여금 게으르게 만들고, 쓸데없는 기대를 하게 하여", '전국의 소란'을 일으키게 되는 것이다.

이는 근대 자본주의화 과정에서 발생한 계급모순이었다. 영국에서 1832년 이후 선거권확대에 따른 선거법의 개정이나 노예사용금지법의 의회통과를 비롯하여, 노동자의 생활개선과 정치참가를 지향한 운동(차티스트 운동)이 일어났다. 토지귀족들의 이익을 옹호하는 곡물법을 폐지한 것은 1846년이었다. 그 2년 후에 프랑스 2월 혁명이 일어나고 파리 노동자를 중심으로 공화제가 선언되었다. 그러나 이러한 노동자의 활동은, 곧바로 반동세력에 의해 진압되었다.

노동자 계급이 정치 무대에 등장한 것을 자본가 계급이 두려워하였기 때문이다. 1850년대의 유럽은 반동기에 들어섰고, 영국에서 선거권 확대 요구는 계속 거부되고 있었으며, 프랑스에서는 나폴레옹 3세의 독재가 시작되었다.

민주주의와 민족운동

그러나 2월 혁명의 영향은 전 유럽에 파급되었고, 민주주의를 요구하는 소리는 높아 갔다. 후발국 독일이나 이탈리아 등에서는 민족국가를 형성하려는 움직임이 나타났으며, 러시아에서도 혁명운동이 일어나 1861년의 농노 해방령에 의해 전제정치(차리즘)에서 해방되려는 운동으로 확대되었다.

그러한 운동은 유럽에 국한된 것이 아니었다. 미국에서도 독립전쟁 후 북부에서 성장한 산업자본가는, 노동자와 대항하면서 남부의 여러 주나 연방정부의 권력을 장악하고 있었던 노예주의 지배에 반대하여 남북전쟁(1861~1865)에 돌입하였다. 링컨 대통령이 노예 해방을 선언한 것은 1863년이었다.

자본주의, 민주주의, 민족운동, 그리고 그 와중에 성장하는 노동자 계급, 이러한 와중에서 마르크스의 『자본론』 제1권이 1867년에 출판되었다. 앞서 말한 파리 코뮌의 성립은 1871년의 일이었다.

파업을 체험하다

사절단 일행이 파업을 체험한 것은 런던에서였다. 가스회사의 노동자들이 봉급 인상을 요구하면서 파업에 들어갔다. 노동시간과 급료 사이에는 엄밀한 규칙이 있어서 아무리 설립자라고 해도 이를 마음대로 결정할 수는 없는 일이다, 라고 『실기』는 말한다(五, 216~217).

물론 『실기』가 노동자와 기업가의 모순에만 주목하고 있는 것은 아니다.

> 노동자가 기업가를 겸하는 것은 있을 수 없지만, 기업가와 노동자라는 두 종류의 사람들은 서로 계약을 하고, 각각의 '의무'를 다하며, 서로 화목하여 이익을 잃지 않도록 하여야 한다. 그 때문에 노동자를 '보호' 하려는 것이다(五, 215~216).

『실기』의 「유럽 여러 나라의 공업 총론」에서는 위와 같이 말하면서 이렇게 결론 짓고 있다.

> 기업가는 노동자를 보호하고 구휼하는 방법을 연구하고, 정부도 이를 장려하고 보호하여 그 목적을 달성한다(五, 217).

자본가와 노동자의 관계를 『실기』는 이렇게 이해하고 있는 것이다.

2. 상업과 무역—자본주의의 구조

쌈짓돈 사건

이와쿠라 사절단이 뉴욕에 도착하였을 때, 한 남자가 다가와서 사절단이 갖고 있던 여비 50만 달러(당시 1달러는 약 1엔)를 자신이 관계하고 있는 '내셔널 에이전시'에 맡기도록 권유하였다. 이 남자는 미나미 사다스케(南貞助)라고 이름을 밝혔다. 조슈(長州) 출신 다카사키 신사쿠(高杉晋作)의 사촌이었다. 그는 막부 말기에 런던에 유학하여 귀국한 후, 1867년에 외국관 권판사에 임명되었었다. 1869년 아키히토(彰仁) 친왕의 영국 유학에 수행하여, 그 동안에 '볼즈' 은행 지점장인 브르즈와 알게 되었고 그가 설립한 '내셔널 에이전시' 회사의 중역이 되었던 것이다. 그는 기도나 오쿠보와 면식이 있었으며, 때문에 이 두 사람은 그의 제안대로 여비를 예금하는 것에 찬성하였다. 그러나 회계를 담당하였던 다나카 미쓰아키(田中光顯) 이사관이 반대하였다. 그리하여 결국 각자 판단하여 희망하는 사람만 자기가 소유한 돈을 예금하도록 결정하였던 것이다.

구메는 약 60파운드(1파운드는 약 5엔), 오시마 다카도(大島高任)는 186파운드, 인색하다고 소문난 시오다 사부로(塩田三郎)까지도 돈을 맡겼다고 한다. 그러나 '볼즈' 은행 보스턴 지점이 큰 화재에 의한 보험회사의 붕괴로 말미암아 폐쇄되고, 그 영향이 뉴욕 지점에까지 미쳤으며, 나아가 런던 본점에까지 파급되었다. 결국 '내셔널 에이전시'는 파산하였다. 미나미(南貞助)에게 맡겼던 멤버들의 쌈짓돈은 날아가 버렸다(졸저, 『岩倉使節團』, 「歐米回覽實記」).

돈을 맡겼던 사절단 멤버들은 비싼 수업료를 치르고 자본주의의 구조를 뼛속 깊이 체험한 것이었다. 지금 도쿄 다케하시의 국립공문서관에는, 이 '쌈짓돈' 사건으로 잃어버린 액수만큼 대출을 받았던 사절단 멤버들의 '대출 영수증'이 남아 있다. 그 때문은 아니라고 생각되지만, 『실기』에는 은행에 대한 기술이 극히 적다. 프랑스 은행에 대해서 약간의 기능이나 화폐에 언급하는 정도이다. 『실기』 집필 준비 단계에서 구메의 메모에도 은행에 대한 기록은 별로 보이지 않는다.

상업 · 무역에 대한 관심

은행에 대한 기술은 적지만, 상업(상품 유통)이나 무역 혹은 그 관련 기관에 관한 『실기』의 기술은 많다. 제5편에서 제5권에 달하는 「총론」(제89~제93권) 중에서 「조운총론」(제90권)이나 「상업총론」(제93권)에 많은 서술이 이루어지고 있다.

예를 들어 『실기』에서 연초(담배)에 대한 기술을 검토해 보자. 담배는 세계적인 기호품으로, 위의 「상업총론」에는 '담배'라는 항목을 정하여 총괄 설명하고 있다. 담배는 미국의 토바코 섬의 원주민들이 흡연한 데에서 유래한다고 한다. 영국 리버풀에서는 담배공장을 견학하고 있다. 『실기』에서 연초에 관한 기술은 미국 ·

영국 · 네덜란드 · 독일 · 오스트리아 · 이탈리아 각국에서 나타나며, 빈 만국박람회에도 연초 관련 기사가 보인다(田中彰, 「岩倉使節團의 눈에 비친 세계의 연초」〈TASC MONTHLY〉 312호, 2001년 12월호).

이러한 기사는 적은 비중을 차지하지만, 상업과 무역의 관점에서 이런 기술이 나타난다는 점에서 흥미롭다.

『실기』는 식민지 경영이나 무역의 실태 변화에 의한 중상주의 체제(「머컨타일, 시스템」)에 대해 언급하면서 다음과 같이 지적하고 있다(五, 228~229).

> 무역의 성쇠는 수출입의 '다과 균형'에 있는 것이 아니라고, 그 이익의 근본이 되는 국민의 영업력 여하에 있으므로 수출입품에 대해 항상 주의하여야 한다.

그러므로 "유럽의 인민은 상업을 중시하는 것이 중요하다고 모두가 깊이 이해하고 있다"라고 말하여, 유럽 인민의 상업에 대한 인식을 서술하고 있다.

평화적 전쟁

상업을 『실기』에서는 '평화적 전쟁'(太平の戰爭)이라고 표현하고 있다.

> 이 전쟁에서 이기기 위해서는 천시(天時)나 지리(地利)에 의지하는 것만으로는 부족하고, 오로지 인민의 "마음과 힘을 모으는" 것

에 있다(五, 221).

'평화적 전쟁' 이란 자본주의적인 경쟁 원리를 말한다. 그 경쟁에서 국가가 승리하기 위해서는 사람들의 협력에 의한 에너지의 결집이 더욱 중요하다, 는 것이다. 구메 구니타케(久米邦武)의 문서 중에 있는 「외국직접무역론」에도, "서양인은 상업을 평화적인 전쟁이라고 칭한다" 라고 되어 있다. 빈 만국박람회 보고기록에서 대국과 소국의 전시품 비교에서도 이 말을 사용하고 있으며, 출품작에 나타나는 국력의 충실 여하를 묻고 있다. 그것은 '국민 자주의 생리' 와 깊이 결합되어 있다, 라고 보고 있다. 인민의 '자주 정신' 이야말로 그 기초를 이루고 있다는 것이다(五, 22~275).

그러나 일본은 개국 후 약 20년밖에 지나지 않았다. 1875년의 국세 총액을 보면, 거의가 지세(地稅)이며 해관 관세액은 겨우 3퍼센트에 불과하다. 그러므로 사절단은 회람 과정에서 국익으로서 무역의 중요성을 통감하고 있는 것이다.

> 무역의 길은 세계가 필요하여 추진하는 것이다. 지리를 강구하고, 민속을 관찰하며, 물산에 주의하여 그 연유를 찾아내어서, 진보 일신을 도모하지 않으면 안 된다(五, 328).

이 "물산에 주의" 한다는 말은 영국에서 맥주 공장을 견학하였을 때에도 보인다. 『실기』는 양조과정을 설명한 후, "음료는 국민의 개명 부유함에 따라서 점차 고급화를 추구하게 된다" 라고 한다. 국가의 문명화, 부국화와 음료의 소비액 증가가 관련함을 지적하고 있는 것이다. 이것은 단지 음료에 국한된 것은 아니다. 소비 일반에 해당되는 사항이다.

> 일본의 술은 "양조법이 매우 고상함에 속함"에도 불구하고 유럽인의 기호에 맞지 않는다. 지금부터는 그 "양조법을 더욱 정밀하게 하여" 외국인에게도 적합하도록 강구한다면, "반드시 수출품이 될 수 있을 것"이다.

일본 특산물의 상품화, 국제 유통화를 하여야 한다는 지적이다. 간장은 네덜란드인이 수송하여 이미 독일 지방에서 호평을 받고 있으며, 영국인들도 상당히 좋아하고 있지 않은가. 술의 한 종류인 미림(味淋: 소주에 찐 찹쌀과 누룩을 섞어 빚은 단 술, 조미료로 씀)도 마찬가지다, 라고 한다. 양조 기술은 일본이 뛰어나므로 양조품을 연구하여 수출할 수 있도록 하면, '국산품을 장려하는 안목'을 얻게 될 것이라고 단언하고 있다(二, 325~327).

현재 상황을 살펴보면, 술도 영어 사전에 sake(saki)라고 실려 있다. 간장도 soy sauce라 하여 당시보다 더 국제화되고, 지금은 외국 시장 진열장에 많이 전시되어 있다. 국산품의 국제적 상품화를 호소하였던 『실기』의 착안을 보여 주는 한 예이다.

상업·무역 '회의소'[會所] 역할

『실기』는 "천연의 부는 산에 있으나, 인위의 부는 바다에 있다"

라고 한다(五, 163). 인위의 부란 무역을 의미한다. '무역이 융성한 나라' 는 상업에서도 "매사에 용의주도하다" 고 말하며(二, 174), 특히 영국은 "국민의 정신을 모두 합하여 세계 무역에 집중시키고 있으며 이것이 영국이 세계에 웅비하는 이유가 되었다" 라고 말한다. 이러한 상업이나 무역을 담당하는 기관이 '상업회의소 '이며, '상인집회소 '였다. 그리고 또 하나가 '동업자회합소 '였다.

이러한 기관은 모두 '중요한 기관' 임에도 불구하고 동양에는 없는 것이며, 일본에서는 이러한 기관에 대한 감각조차 없다고, 인식 그 자체가 결여된 것을 지적하고 있다(二, 192~193).

좀더 『실기』의 설명을 소개하면, 위의 '상인회의소 '는 "일개 공선의회로, 지방 상업 입법관에 비견된다" 라고 한다. 그것은 일반

맨체스터의 상인집회소

적으로는 '공업회의소'를 겸하며, 이를 통해 정부에 요구사항을 제출한다. 그러므로 이 기관은 지방의 '성쇠진퇴' 나 '융성에 이르는 방법' 등을 장악하는 존재이다, 라고 자리매김하고 있다.

> 무역이 날로 번성하는 오늘날 지방의 부유함을 도모하기 위해서는, 이 공회를 설치하는 것이 진실로 긴요하다. 그러므로 식자가 깊이 성찰하여야 할 것이다.

이와 같이 유의할 것을 촉구하고 있다(五, 240).

『실기』는, 이처럼 당시 일본에 결여되어 있었던 점을 강조하고, 앞으로 대처해야 할 문제를 지적하고 있는 것이다.

3. 통신과 신문—저널리즘의 역할

우편제도

기술혁신에 의해 통신은 지금 세계를 변화시키고 있다. 인터넷은 순식간에 전세계를 돌아다닌다. 그 세계에서 국경은 이미 존재하지 않는다. 그런 의미에서 통신수단은 글로벌 지구시대의 최대 담당자라 말할 수 있다.

이와쿠라 사절단은 미국에서 '포스트 오피스'(우편국)를 방문하여 우편 조직에 대해 살펴보고(一, 238~240), 영국에서도 이를 더욱 구체적으로 고찰하고 있다. 이 '우편의 법'에 대한 설명을 살펴보자.

영국의 우편 조직은 인구 5,000명에 1개소의 비율로 우편취급소를 설치한다. 런던의 경우에는 보다 많은 취급소가 있다. 당시 런던 인구는 325만이었는데, 이를 10대구로 나누어 각 구에 우체국을 설치하였고, 각 구의 우체국은 100여 개소의 우편취급소를 설치하여 이를 총괄한다. "즉 전체로서는 1,000개소의 우편 취급소가 있다"라고 하였다. 우편망이 런던 전 지역에 깔려 있었다.

영국 식민지에서의 우편취급소의 수는 30년 전에 4,500개소, 지금은 2만 개소라고 기록되어 있으므로, 급속한 식민지의 발전을 엿볼 수 있다. 여기서는 1871년 통계 수치를 이용하고 있다. 『실기』에 의하면 영국에서 1년간의 우편물 수는 11억 1,700만 통이라고 한다.

유럽의 무역은 매년 매월 증가하고 있으며, 세계 어느 곳에도 선박이 도달하여 각지의 사업에 관여하고, 교통이 불편한 곳에는 우편을 통하여 교류를 하고 있었다. 무역이 가장 왕성한 영국이므로, 우편물 역시 방대하다고 식민지를 비롯한 무역과 우편의 발달 관계를 지적하고 있는 것이다(二, 106~108).

전신의 발달

전신에 대해서는, 사절단이 뉴욕 전신회사를 방문하였을 때의 모습이 기록되어 있다.

> 당시에는 "각국에서 여러 가지 전신 기계가 발명되어 있지만, 모스 장치가 가장 뛰어난 것이므로 어느 나라에서나 이를 채용하고 있다." 미국 출신인 모스의 동상은 1871년, 뉴욕의 센트럴 파크에 건립되었다.

모스전신기나 모스부호를 발명한 사무엘 모스(1791～1872)에 대하여 위와 같이 기술하고 있다. 그 다음해 사절단이 워싱턴에 도착하고, 모스는 사망하였다(一, 350).

뉴욕의 전신회사는 미국 동부에서 발달한 전신선 5만 6,000마일, 전신국 수 4,200개소를 총괄하기 위해 만들어진 것이었다.

전신에 관한 기술은 『실기』의 도처에 기록되어 있다.

> 영국에서의 전보 수는 1,270만 건(1871년 통계)에서, 80만 파운드의 이익을 올리고 있다. 영국 전체의 전선 길이는 2만 2,319마일, 해외에 나가는 길이는 1만 2,382마일로, 이 해저전선은 유럽에서 아프리카 북부, 그리고 인도에서 싱가포르, 더 나아가 호주에까지 이르러, 거의 지구의 반을 통과하며 이 전선을 통해 통신이 이루어진다.
>
> "세계의 사건은 이를 통해 손바닥을 들여다보는 듯하다." 영국의 식민지 확대 · 발전의 열쇠가 여기에 있다. 이리하여 서양에서는, 전신 기술이 발명되고서부터 각국 · 각 지방 사이에 "천리도 순간에 도달하는" 상황이 전개되었다(二, 105).

이는 기후에 전혀 좌우되지 않는 새로운 네트워크의 탄생을 의미하였다.

저널리즘의 역할

이와 같은 통신의 충실은 자본주의 발전을 촉진하였으며, 동시에 저널리즘의 발달과 불가분의 관계를 이룬다. 저널리즘은 일찍부터 구미에서 발달하였는데, 구미에서는 신문이 가장 중요한 역할을 담당하였다. 그 이유는 무엇일까. 『실기』에 나타난 저널리즘관을 살펴보자.

> "신문이란 나라나 지방정치의 말단까지 국가 사회의 이치를 밝히며, 무역에 의한 부의 축적에 유의하고, 세상 일반의 풍속에 품격을 높여 주어 혼자 살아도 국내 정세는 물론 세계의 정황을 잘 알 수 있게 한다." 이것이야말로 문명의 길이며, 신문은 그 가장 필요한 도구인 것이다(一, 348).

또 그러한 기능을 신문이 담당하고 있기 때문에 신문인 중에는 대통령과 견줄 수 있는 인물도 나타난다, 라고도 단언하고 있다. 따라서 신문의 가치는 당연히 그 편집자의 '인품과 학식' 에 의존하게 되며, "필봉의 세력은 백만 대군에 필적한다" 고 지적한다. 이 언급에 구미 신문의 역할이 정확하게 서술되어 있다고 말할 수 있을 것이다.

또한 다음과 같은 구절도 실려 있다.

원래 문명 제국에 인물이 많은 것은, 이를 조정에서 구하지 않고 재야에서 구하기 때문에 수많은 사람들이 나타나는 것이다. 이렇게 하지 않으면 어찌 나라의 문명을 자랑할 수 있으랴(一, 348).

문명국에서는 유능한 인물이 많이 있지만, 이들을 정치 지배층에서 찾는 것은 매우 어렵다. 그러나 재야의 민간층에서 찾으면 많은 인물을 구할 수 있다. 그렇게 하지 않으면 문명국이라고 자부할 수 없다는 말이다.

신문과 언론의 자유

그리하여 『실기』는 미국에는 정치를 논하는 신문사가 3,328개소나 있고, 그중 정부가 세운 신문사도 20개소에 달하며, 그 발행 부수가 연간 882만 부(1개사 평균 2,257부)라고 기록하고 있다.

신문의 내용	신문사 수	부수	예약 부수
학교 보고	502	421,935	8,808
교회 보고	407	4,764,358	11,706
예술 보고	207	744,530	3,596
무역 보고	122	690,220	5,657
농업 보고	92	770,752	8,072
품행 보고	81	257,085	5,657
引札(공문서)	79	행락을 금하는것 6	
기타	매일 발행 574사, 주 1회 발행 4270사, 월 1회 발행 621사		

그리하여 앞과 같은 내역을 보여 주고 있다.

『실기』 이전에도 후쿠자와(福澤諭吉)가 이미 신문에 대해서 언급하였다.

1866년에 간행된 『서양사정 초편』(西洋事情初編, 권 1)에는,

> 신문을 보면 세계의 정실을 일목요연하게 모사하여 마치 실제로 그 사물을 접하는 것과 같다. 서양에서는 신문지를 보는 것이 인간의 한 즐거움이고, 이를 읽느라고 식사를 걸렀다는 사람들도 종종 있다. 무릇 세상에는 고금의 서적이 많다고 해도, 견문을 넓히고 사정을 잘 이해하여 세상에 대처하는 길을 연구하는 데에는 신문지를 읽는 것보다 나은 것이 없다.

라고 하였다. 그리하여 신문 세계의 중심은 런던이며, 그 뒤를 뉴욕이 잇는다고 지적하였다. 신문은 논평을 공정하게 행하므로 사회는 신문의 논평을 중시하고, 이 논평에 사람들은 마음을 기울이며, "정부의 평의도 이 신문의 논평으로 말미암아 변혁되기도 한다"라고 한다.

양자가 신문을 사회의 공기(公器)로 보고 있으며, 그 역할의 중요성을 크게 평가하고 있다는 점에서 공통된다.

한편 앞에서 언급하였던 좌원 시찰단의 한 사람이었던 야스카와(安川繁成)는 영국에서 신문에 관한 상세한 조사를 행하고, 보고서 『영국신문지 개명 감기(鑑記)』(전 2권, 메이지 8년)에 그 내용을 정리하였다.

영국에서는 정부가 민간 신문의 발행에 간섭하는 것은, 신문의 자유를 억압하는 것으로 간주하여 매우 꺼려하는 인민의 풍조가 있다. 그러므로 나쁜 신문이라도 발행하는 것이 신문 발행의 자유를 막는 것보다 좋다고 한다(권 2).

여기서 신문의 자유, 즉 언론의 자유의 중요성이 인식되고 있다.

또 하나 여기에 소개하고 싶은 것이 있다. 무라다(村田文夫)는 약 4년간 체재하였던 영국 시찰 기간을 귀국 후에 정리하여 1870년에 『서양견문록』을 간행하였다. 거기에는 대략 다음과 같이 말하고 있다.

일찍이 프랑스에서는 신문 논설이 공평을 지나치게 의식하여 정부의 기밀을 누설하는 경우가 있었다. 그래서 발행을 금지하였으나, 그 때문에 인민들이 맹렬히 반대하여 봉기하였으므로 내란이 되어 처치 불가능한 상태가 되었다. 어쩔 수 없어서 다시금 발행을 허용하였다. 그러나 신문에 실리는 기사가 반드시 정확하다고 말할 수 없고, 때로는 소문을 기록할 수도 있다. 또한 외국에서 보이는 신문은, 동양 사람들의 눈에는 꼭 긴요한 것이라고 말할 수도 없다(『명치구미견문록집성』 제1권, ゆまに書房, 1987).

메이지 정부의 언론 대책

사절단 귀국 후, 메이지 정부의 수뇌부를 형성하였던 이들은 신문의 장점과 단점, 신문 · 언론의 자유 등을 체험을 통해 잘 알고 있었다. 그러므로 오히려 그들은 이에 대한 대책을 차례로 시행하였던 것이다.

즉 1873년에 일찍이 「신문지발행조목」을 공포하였다. 이 조목을 통해 신문 발행을 허가제로 하고, 국체 비방 · 정부 비평을 금지하고, 관리의 정보 누설 방지 등을 규정하였다. 이듬해 1874년에 민의원 설립 건백서가 접수된 다음에는, 「신문지조례」 「참방률」을 공포하여 탄압을 개시하였다. 나아가 자유민권운동의 전개에 대해서 「신문지조례」를 개정하여, 언론 압살을 도모하였던 것이다. 이는 정부가 신문의 자유나 언론의 자유의 중요성을 알지 못하였기 때문이 아니라 오히려 신문이나 언론의 힘을 잘 알고 있었기 때문에, 역으로 선제공격에 나선 것이었다.

이를 후발 일본국의 단순한 절대주의 탄압책으로 파악하는 것은 역사적 이해가 부족한 것이다. 후발국이기 때문에, 근대화 과정에서 부르주아 국가의 언론 자유에 대해서는 이와쿠라 사절단의 단계에서 이미 잘 이해하고 있었다. 그리고 잘 이해하고 있었기 때문에 권력 측은 스스로 권력을 유지하기 위해서 언론의 봉쇄라는 법적 조치를 취하였다고 말하지 않으면 안 된다. 이 권력구조는 일본 근대화의 특질 중 하나이다. 그것은 현대에서도 근대화를 추진하는 후발국 근대화의 일반적인 특질이라고 말할 수 있을지도 모른다.

V. 사회에 대한 관점

뉴욕 주 새러토가의 공원

1. 백인·흑인·인디언·황색인종—인종관의 모습

미국의 흑인 문제

벌써 오래전의 일이 되었지만, 1983년의 일이다. 미국 제2의 도시인 시카고에서 흑인 시장이 당선되었다는 신문 보도가 일본에서 화제가 되었다. 흑인이 도심부에 모여들기 시작하면, 백인들은 흑인과 같이 사는 것을 꺼려하여 교외로 이주한다. 그러면 도시 중심부의 유권자는 흑인이 우세하게 되고 흑인 단체장이 배출된다.

이러한 경향은 일찍이 워싱턴 등에서도 발생하였다. 이러한 현상의 배경에는 미국의 뿌리 깊은 흑인 차별 문제가 있다. 이미 1960년대에 혼다(本田創造) 씨는 『미국 흑인의 역사』(岩波新書, 1964년, 신판 1991)에서 다음과 같이 말하였다.

> 1963년 8월 28일, 노예 해방이 선언된 지 100년이 지난 오늘날에 이르러서도 미국 국민의 10.5퍼센트에 달하는 1,900만의 흑인

들은, 다른 미국인과는 달리 정치상 · 경제상 · 사회상 모든 방면에서 차별을 받고 있으며 폭력의 위험에 노출되어 있다. 그들은 2급 시민의 위치에 머무르면서 옛날의 노예제도의 악습에서 완전히 해방되지 못하고 있는 것이 엄연한 사실이다.

나도 1974~1975년 미국에 체재하면서, 워싱턴에서 살고 있는 사람에게 일본의 '문화인'은 흑인 문제를 인종 평등이라는 관점에서 간단하게 논하고 있지만, 현실은 그렇게 간단한 일이 아니라고 거듭 반복하여 들었다.

차별과 민주주의의 공존

미국에서 차별에 대한 여러 해소 정책이 시행되고 있음은 사실이다. 그러한 정책으로 인하여 어느 대학에서는 입학이나 다른 면에서 백인보다는 흑인, 그중에서도 흑인 여성이 우대받고 있기 때문에 역차별이라는 이야기도 나온다. 그리하여 2003년 1월 신문에, 흑인을 비롯한 소수파 우선 정책이 여전히 대학에 남아 있기 때문에 이를 폐지해야 한다는 문제가 정치화되고 있음이 실려 있다(『아사히신문』, 『홋카이도신문』 2003년 1월 18일자 조간). 그로부터 반년 후, 미 연방최고재판소는 흑인 등 마이너리티(소수 인종)를 우대하는 선발제도는 합헌이라고 판결을 내렸다. 그러나 판사들의 판단 또한 엇갈리고 있었고, 인종 문제의 뿌리가 깊음을 엿볼 수 있다고 보도되었다(『아사히신문』 2003년 6월 25일 조간).

이는 없애기 어려운 차별 의식과, 이를 불식하려는 주장이 지금의 미국에도 공존하고 있음을 말해 준다.

여기서 앞서 언급한 혼다 씨의 저술의 한 구절을 생각하게 된다.

> 1619년은 미국 최초로 대의제 의회가 탄생한 민주주의와, 미국 최초로 흑인 노예를 동산으로 취급하는 흑인 노예제도라는 비민주주의가 동시에 같은 장소(제임스타운-인용자 주)에서 같은 인간에 의해 일어났다는 점이, 미국 역사의 모순이다. 이는 단지 모순 이상으로 중요한 역사적 의미를 이 나라에 부여하였다. 이 두 가지 사건은 우연이라고 하기에는 지나친 감이 있다(앞의 책, 『아메리카 흑인의 역사』).

그렇다면 미국을 방문하였을 때, 이와쿠라 사절단은 어떻게 이를 받아들였을까.

사절단의 흑인관

결론부터 말하자면 사절단에게도 흑인에 대한 차별 의식이 없지 않았다. 그러나 그것은 후술하는 동남아시아의 현지 민중에 대한 차별만큼 강렬한 것은 아니었다. 『실기』에는, "가난하고 누추한 곳에 흑인 마을이 있으며, 여기는 지붕은 나무로 되어 있고 좁고 불결하며 청소도 하지 않으며, 지나가는 사람의 코를 잡게 만들 만큼 하수구 냄새가 지독한 곳"이라고 서술하고 있다. 그러나 그것은 흑인뿐만이 아니라 각국의 더러운 뒷골목에는 빈민이 혼거하고 있으며, "서양의 상민은 어리석어서 불결한 곳에 머물고,

짐승과 다른 것은 일등시민뿐이다"라고 말하기까지 한다. "흑인들의 거주만 불결한 것은 아니고"라고 일부러 첨가하고 있는 것이다(一, 202).

『실기』에는 흑인의 역사가 서술되어 있는데, 남북전쟁에서 노예해방선언(1863)을 거쳐서 1865년 헌법 수정에 의해 흑인 노예는 처음으로 해방됨으로써 인간이 되었다고 말한다. 그러나 이 흑인 노예들은 글자를 모르는 고로 백인은 이들을 동등하게 취급하기를 꺼렸다. 그것은 외견상 '흑백'이 확실히 구별되기 때문이라고 하였다. 다만 다음과 같은 구절이 있는 것도 유의하여야 한다.

> 다만 그중에는 일찍이 자주(自主)하는 흑인도 있어서, 실게로 하원에 뽑히는 인물도 있으며 또 거액을 가진 부호도 있으므로, 피부색과 지식은 관계가 없음도 명백하다. 그러므로 유지들은 교육에 힘을 기울여 학교를 세운다. 생각건대 10여 년 세월이 흐르면 흑인들 중에서도 영재가 배출되고 공부하지 않은 백인들은 그들 밑에서 일하게 될 것이다(一, 216).

위의 문장에는 피부색은 인간의 본성이나 능력 · 지식 등과는 전혀 관계가 없다고 강조되고 있다. 백인종과 유색인종 사이에 차이가 없다는 판단이다.

아메리카 원주민

아메리카 원주민(인디안)에 대해서도 『실기』는 언급하고 있다.

이는 솔트레이크 동쪽 3마일 산록에 있는 '돈그라스' 포대에서 한 장교로부터 들은 이야기를 히가시쿠제 미치토미(東久世通禧) 이사가 기록한 것으로, 문답 형식으로 자세히 설명하고 있다. 이 포대는 원주민에 대한 보루로 세워진 것이었다(一, 144). 『실기』와 『회고록』(回顧錄)의 기록을 함께 거론하면, 사절단은 원주민에 대해 비교적 친근감을 갖고 있었다고 생각된다. 부사 이토(伊藤博文)가 메이지 5(1872)년 2월 6일, 호텔을 방문해 온 원주민 대표 5인과 면회하고 있는 것도 그 증거일 것이다.

『실기』는, 원주민이 군인을 '가미야킨'이라고 부른다고 한다. 이 말은 '고위 관리'라는 말과 비슷하며, '이마시리'라는 말은 오랑캐라는 말의 사투리가 아닐까 하고 기록하고 있다. 또 뉴멕시코의 원주민은 용맹하고 '일본인의 후예'라는 풍설이 있다고 한다(一, 132~133). 원주민에 대한 차별감은 별로 없었다고 보인다.

그렇다면 『실기』를 검토하는 한 흑인이든 원주민이든 사절단에게는 소수민족에 대한 차별 의식은 별로 없었다고 해도 좋은데, 이것이 동남아시아에 이르러서는 완전히 달라진다. 다음에 검토하겠지만, 동남아시아의 현지인에 대해서는 반복해서 게으르다고 지적하고 있는 것이다. 그 이유는 무엇일까.

『실기』의 문명관

이와 같은 차별적 표현은 동남아시아의 풍토와 거기서 생활하는 주민의 모습, 나아가 『실기』의 문명관에 의한 것이었다. 『실기』

의 문명관의 기준은, "삶에 부지런히 애쓰는 힘의 강약 여하"에 있었다(五, 275). 결국 생존에 대한 인간의 노력, 그 축적의 유무가 문명이라는 발상이 근저에 있었다. 따라서 그 풍토에 의해 동남아시아는 이러한 노력이 부족하며 문명과는 멀리 떨어져 있다는 것이다.

『실기』는 문명권인가 그렇지 않은가 하는 점에서 세계를 구분한다. 그러므로 미국의 흑인이나 원주민은 문명권 안의 문제이며, 동남아시아의 경우는 문명권 밖의 문제가 된다. 백인종이나 황색인종에게는 정서나 발상의 차이는 있어도 그것이 인종 차별로 직결되지는 않는다. 차별은 문명과의 관계에 있다고 할 수 있다(七장 참조).

'세계에 드문 나라' 일본

그런데 아시아에서 온 사절단이 당시 유럽 여러 나라 사람들의 눈에는 어떻게 보였을까.

영국 뉴캐슬에서의 일이다. 타인모스 등대 부근에서 난파선 구조 연습을 사절단은 견학하였다. 이때에 그곳에 모였던 마을 사람들 중에서 구메의 목덜미를 손으로 만진 사람이 있었다. 그날 저녁, 호텔에 돌아온 일행에게 안내를 맡았던 주일공사 팍스가 "오늘 타인모스에서 누군가가 목덜미를 만진 사람은 없는가" 하고 묻자, "나요" 하고 구메가 대답했다. 그러자, 팍스는 목덜미를 만진 사람은 여자로 "역시 따뜻했다"고 말하고 다녔다는 것이다. "피부가 노란 사람들도 백인과 마찬가지로 체온이 따스한지" 확인하고 싶었기 때문에 만져 보았다는 것이다(『회고록』 하권).

또 이런 이야기도 있다. 일행이 네덜란드에서 어떤 만찬에 참석하였을 때의 일이다. 열석한 귀부인들은 사절단 일행이 모두 검은 머리와 검은 눈을 갖고 있고 모습도 똑같은 데에 놀랐다. 그래서 네덜란드 공사에게 일본에서는 모든 사람이 사절단 일행과 같은 골상을 갖고 있는가, 라고 물었다. 공사는 "모두 그래요"라고 답했다. 일본에는 네덜란드 인구의 10배나 되는 인민이 있는데 이것이 모두 '같은 종족'이라는 것은 '세상에 드문 나라'라고 찬탄받았다는 것이다(四, 203~304). 동아시아의 작은 나라 일본은, 다인종이 혼재해 있는 유럽 사람들에게는 아주 먼 별세계의 미지의 신기한 나라로 생각되었던 것이다. 그것은 멀리 떨어진 이문화 · 이문명과 처음으로 접촉한 반응이었다고 할 수 있다.

2. 물과 삼림보호—자연과 규제

각지에서 다른 물의 색

일찍이 인도네시아의 수도 자카르타에서 생활하고 있었을 때는 매일 아침 물을 끓여야 했다. 수돗물을 20분 이상 끓여서 냉장고에 넣고 식힌다. 그러므로 냉장고에는 언제나 물병이 가득하다.

당시 일본에서는 수도꼭지를 틀어서 그대로 물을 마시는 것이 당연한 일이었다. 지금은 꼭 그렇지도 않지만 말이다. 슈퍼마켓에서 '자연수' 라든가, 어느 지역의 '명수' 라는 이름이 붙은 페트병에 든 생수가 매우 많이 팔리고 있다. 그때에는 동남아시아뿐만 아니라 미국이나 유럽 혹은 중국에서도 일본처럼 수돗물을 그대로 마실 수는 없었다. 다만 스위스에서는 수돗물도 맛있었다고 한다.

일본인은 물은 어느 곳에서나 마찬가지라고 생각하기 쉽다. 『실기』에서도 "일찍이 이르기를 물은 모두 감청색뿐이다" 라고 하였다. 그러나 그렇지는 않았다. 구미를 여행해 보니, 영국의 물은 검은색이며, 스위스의 물은 압록색이고, 스웨덴의 물은 짙은 청색이어서, "물의 색이 지방에 따라 다른 것이 이렇다" 라고 말하고 있다(二, 230). 그것은 물의 색뿐만 아니다. 여행에 익숙한 사람들에게는 그 토지의 그림에 나타나는 하늘을 보면, 어느 나라의 경치인지 알 수 있으며, 산자락을 보면 어느 산인지 알 수 있다고 한다. "참으로 하늘이 각 지방을 만드는 데에 다른 방법을 사용하여 그 모양 변화가 백출하고 추측이 불가하다" (二, 231).

선입관을 경계하다

모두가 같으리라고 생각하는 자연조차 이러하므로, 하물며 각 나라의 차이나 특색을 좁은 시야에서 판단하는 것은 신중하여야 한다는 것이, 이 『실기』 기술의 배후에 있었다. 그것은 사절단으로서의 자계(自戒)이기도 하였다. 일본인으로서의 선입관이 상대국에 대한 오해를 가져오고, 그로 말미암아 국제 마찰이 일어난다. 이렇게 고쳐 읽으면 오늘날에도 충분히 통하는 바가 있다.

사절단이 러시아의 산크트페테르부르크를 방문하였을 때, 러시아는 두려워할 만한 대국이라는 그때까지의 선입관과 가 보니까 귀족 전제 정치라는 실태의 차가 너무 큰 사실을 보고, "종래 망상 허영의 논리는 철저히 이를 배척하고, 정신을 맑게 하여야 함이 식자(識者)들에게 요청되는 바이다"(四, 110)라고 기술하고 있음은, 앞에서도 기록하였지만 기억해 둘 필요가 있다.

스위스의 자연과 물

『실기』의 「하이랜드 산수의 기록」(제32권)에는 물과 관련된 자연 경치의 절묘함이 화려한 필치로 묘사되고 있다. 소리를 내어 낭독해 보면 계곡의 물과 이를 둘러싼 여러 가지 아름다운 풍경이 눈앞에 전개되는 듯하다.

자연 경치라고 하면, 스위스도 아름다움에서 빠지지 않음은 주지의 사실이다. "산수가 수려함이 세계에 이름 높다"(五, 72)라고 『실기』 역시 말하고 있으며, 이 땅은 당시부터 유럽 사람들의 '여행의 고향' 이어서 여름에는 관광객이 끊이지 않았다고 한다(五, 60).

그러나 스위스는 자원이 부족하다. "스위스에는 철이 충분하지 않으며, 석탄도 부족하다." 그러나 급류의 하천이 많이 있다. 이

수력을 이용하여 기계를 움직여서 산업을 발전시키고 있다. '노력을 적게 들여서 효과를 얻는 재치' 라고 한다. 거기서 『실기』는 "하늘은 각 나라에 한없는 자연의 혜택을 주었다. 이 자연 조건을 어떻게 이용할 것인가는 인간이 얼마나 연구하고 능력을 발휘하는가 여부에 달려 있다"(대의, 五, 71)라는 것이다.

자연과 인공의 조화, 인공에 의해 자연을 활용하는 예를 물과 산림을 둘러싼 몇 가지 사례를 통해 들어보자.

물의 도시 베네치아

이탈리아의 베네치아(베니스)는 물의 도시이다. 이 지역의 물과 도로의 절묘한 조합이 사람들의 여정을 유혹한다. 사통팔달한 수로에 떠 있는 곤돌라(베네치아의 명물인 작은 배)나 산마르코 광장 등을 『실기』는 다음과 같이 표현하고 있다.

> 이 산마르코 광장은 그 도시 제일의 번화가로, 여러 가지 재물이 즐비하고 광장 전체에 돌을 깔았다. 여기에 차가 다니지 않아서 차륜의 시끄러운 소리가 들리지 않고, 항상 남녀가 함께 다니며 시장 앞에서 방황 소요한다. 밤에는 가스등을 밝혀서 대낮과 같이 밝은 것이 자정에 이른다. 유쾌한 경치이다(四, 350).

여기서는 수로를 자유로이 달리는 곤돌라가 택시 대용이므로, 자동차의 소음은 없다. 남녀 커플은 도로를 달리는 자동차에 신경 쓸 필요가 없다. 남녀들은 천천히 가게를 둘러보며 산책을 즐긴

베네치아의 산마르코 광장

다. 밤에도 가스등이 밝아서 한밤중까지 즐길 수 있다. 그 걷는 길은 좁다. 그것은 마치 도쿄의 골목길을 방황하는 것과 같다고 『실기』는 기록하고 있다(四, 348~350).

물과 삼림과 도시의 공생

또한 프랑스의 센 강은 운하를 통하여 라인 강과 연결시켜서, "프랑스의 수리는 명예가 오래되었다"(三, 26)라고 한다. 파리는 센 강을 빼놓고서는 말할 수 없다. 러시아의 산크트페테르부르크와도 같다. 네바 강과 운하의 공존으로 이 도시는 살아 있다. "넓은 운하를 파고 종횡으로 시가를 누비며, 강의 양쪽에는 광장을 만들어 상점가를 설치한 것은 마치 도쿄와도 같다"(四, 49)라고 여기서도 말하고 있지만, 도쿄는 지금은 도시 중에 하천을 매립하여 고가도로로 만들고 물을 없애 버리고 말았다. 도시의 윤택함이 없어져 버린 것이다. '도쿄사막' 이라는 노래가 있는 것은, 인정이 메말랐다는 의미만은 아니다. 『실기』가 본 도시와 물과의 공존 모습을, 일본에서는 살리지 못하였다고 말할 수 있다.

이와쿠라 사절단은 1873년 5월 5일 프랑크푸르트에서 뮌헨으로 가는 도중 라인 강을 남부 독일을 따라서 달렸다. 그때 차창에 상류에서 목재가 뗏목에 실려서 떠내려오는 것을 보았다. 주위의 산들은 "모두 수림이 울창하여 대개는 활엽수를 심고, 때로는 침엽수를 섞어서 모래 산이나 암석 외에는 모두 수목삼림이 아닌 곳이 없다"(四, 237)라고 하였다. 이 지대에서는 사유림이라 해도 삼림목을 벌목할 경우 각 지방에서 허가를 받지 않으면 안 되었다. 뗏목을 만들어 내려 보내는 데에도 엄중한 규칙이 있었다. 그러므로 헤센 이북은 울창한 삼림이 계속되는 것이다.

산림의 백분율로 따지면, 바이에른이 32퍼센트, 바덴은 33퍼센트, 브란덴부르크는 37퍼센트, 헤센은 39퍼센트가 산림이라고 한다. 이것을 프랑스 16퍼센트, 벨기에 20퍼센트(혹은 19.5퍼센트라고도 기록되어 있다-三, 216)와 비교해 보면, 얼마나 바이에른 이하 나라들의 삼림 벌채에 대한 규칙이 엄하였는지를 알 수 있다(四, 238).

이것을 사절단은 이미 1873년 3월 7일, 네덜란드 헤이그에서 베를린으로 향하는 도중 차창으로 보이는 풍경을 통해 알아내고 있다. 전술한 라인 강 연안에서도 활엽수와 침엽수가 혼재하고 있는 것을 보고 이 차이가 실은 산림 소유의 형태와 연결되어 있음을 찾아내었던 것이다. 즉 활엽수는 사유지이고, 침엽수는 관유지였던 것이다. 활엽수는 생장이 빠르고 곧 벌채하여 이용할 수 있다. 소나무나 노송나무와 같이 오랜 기간 성장을 기다려야 하는 침엽수는 관유지로 보호하지 않으면 안 되는 것이다.

삼림보호와 법률

독일에서는 18세기 말, 세계에서 처음으로 삼림학의 체계가 세워졌다고 일컬어진다. 쓰쓰이 미치오(筒井迪夫)의 저서 『삼림문화에의 길』(아사히 신서, 아사히신문사, 1995)을 보면 독일 연방 중에서 바이에른이 1852년, 뒤이어 바덴이 1854년에 산림법을 각각 제정했고, 오스트리아에서도 1852년에 같은 법이 만들어졌다. 뒤이어 프러시아에서 1857년에 보안림법이 만들어졌다고 한다. 이러한 규제의 흐름을 파악하고 있었는지 『실기』는 "독일은 특히 산림이 많은 나라로, 산림에 대한 법률 또한 주의 깊다고 한다"라고 기록하고 있다(三, 288).

『실기』의 「벨기에 부」(제51권) 제1절에는 다음과 같은 구절이 있다.

> 벨기에의 산림은 20퍼센트였음에도 불구하고 그 산림의 65.5퍼센트는 사유지였으므로, 인민은 거기에 활엽수를 심어서 단기간

에 벌목하여 이익을 얻으려고 하였다. 이 경향은 유럽 다른 나라에서도 보인다. 그 폐해를 없애기 위해서 '산림 제도'가 만들어졌다. 그리하여 지금은 유럽의 '자유정치'가 점차 행해짐에 반하여, '산림 수목의 제도'만은 옛날의 자유를 폐지하여 속박 억제하는 제도가 생겨나기에 이르렀다.

이것은 "필경은 서민 대중을 위하여 도모한 바이다"(三, 216)라고 서술하고 있다.

이처럼 근대에 들어서 유럽에서 「산림법」을 제정하여 삼림 보호에 힘을 기울이고 있음은 유럽 경제의 '현저한 진보의 하나'(四, 257)라고 기록하고 있다.

이에 반하여 일본은 지형에 따른 토지의 이용 방법을 알지 못한다. 따라서 "지리를 흥하게 하는 것은 그 편의에 따라서 이익을 크게 냄을 연구하고 항상 습관을 떠나서 지혜를 활용해야 한다"라고 강조하고 있는 것이다(四, 257).

이는 단지 자연과 그 보호·이용에 머무르는 것은 아니다. 나라의 이익을 보전하고, 인민의 자유를 완전히 하기 위해서는 정부가 배려를 한층 세심하게 하지 않으면 안 된다. 벨기에는 '자주정치의 나라'이지만, 실제는 그 자유를 규제하고 있다. 그것은 단지 산림뿐만은 아니라고 하고(三, 217), 자유와 정부권력의 규제 문제에 주목하고 있다.

삼림보호를 자유와 권력에 대한 사고로 고찰을 넓히고 있는 데에서도 『실기』가 사절단의 보고서임을 확인할 수 있다.

경관 변화의 인상

1873년 4월 14일, 산크트페테르부르크에서 함부르크 경유로 코펜하겐에 이르렀을 때, 일행은 차창에 전개되는 경관의 변화를 "3일 동안에 3년의 변화를 보았다"고 표현하고 있으며, 경관의 변화는 유럽에서 아시아로 돌아오는 귀로에서 더욱 두드러진다.

이때에 개통해서 얼마 되지 않는 수에즈 운하를 거쳐서 '赤野禿山'(황무지와 민둥산)만을 보면서(五, 283) 실론에 도달한 일행의 눈앞에 펼쳐진 풍경은 너무도 달랐다. '赤野'란 구메가 만든 말로 붉은 흙만 있는 들을 말한다.

실론은 나무가 많은 짙은 녹색과 푸른 풀로 덮여 있었다. 밤새 내린 비로 일대는 촉촉하고 연무가 가득한 산록은 당장이라도 물방울을 떨어뜨릴 듯하였다(五, 296). "열대 지역의 나라는 산은 푸르고 물도 푸르고 식물은 잘 자라고 토양은 비옥하며 공기는 맑고 경치는 아름다워서, 유럽에서 와서 이 경치를 보면 참으로 인간의 극락세계를 보는 것과 같다"(五, 283)라고 표현하였으니, 일행이 받은 인상은 어지간히 강렬하였음이 틀림없다. 이 '극락세계'야말로 실은 문명과 멀리 떨어져 있는 곳에 있음은 이 장의 1절에서 언급하였으며 앞으로도 언급될 것이다.

스코틀랜드의 산은 "풍화작용이 심한 것이 많고", 이탈리아는 준수하고, 독일은 험한 바위가 많다고 한다. 아라비아의 산은 "암석이 험준하고 세세한 각을 세우고 있으며", 실론 섬은 완만한 경사로 평탄한 지형이 많다. 조화가 변화함은 보면 볼수록 교묘하다고 한다(五, 296).

그럼에도 불구하고 일본 문인이 중국의 화법을 따라서 일본의 산을 묘사하는 것은, 일본과 중국의 산세에서 그 참된 차이를 알지 못하기 때문이다. 서양의 사생화에는 사실성이 있다. "세상이 개명되면, 그림도 또한 정교하고 아름다워짐을 이를 통해 고찰할 수 있다"라고 서술하고 있다(五, 296~297).

유럽의 리얼리즘과 문명화의 진전 정도를 이처럼 표현해도 되는지는 모르겠으나, 어쨌든 『실기』는 풍경 묘사의 차이에서 문명·문화의 차이를 언급하고 있는 것이다.

유럽과 아시아의 색

귀로에 홍콩에 들렀을 때의 일이다. 홍콩은 이미 영국의 조차지가 되어 있었으며, 인구는 12만 6,000여 명, 중국인이 많은 도시였다. '서양의 풍속에 동양을 겹쳐 놓은 건축'(五, 325)이 즐비하게 늘어서 있었다. 그러나 그래도 가게 앞의 색채는 달랐다.

백화를 늘어놓은 중국인의 가게는, 많은 칠기나 도자기류를 팔고 있었기 때문에 유럽과 같은 금은의 화려함은 없다. 중국인들은 붉은색을 좋아하므로 '책장, 상자, 가리개, 명패' 등은 모두 붉은색이 많다. 즉 유럽의 도시를 금색이라고 한다면 중국의 도시는 붉은색이라는 것이다(五, 325).

이 색상의 차이에서 동서양의 국민성에서 드러나는 미적 감각의 차이를 보려고 하는 데에서도 『실기』다운 일면을 볼 수 있다.

3. 병원과 시설—환경 인식과 약자 보호

런던의 오염

영국을 방문한 이와쿠라 사절단 일행이 놀란 것 중 하나는, 이 나라에서는 맑은 날에도 공중에 검은 구름이 떠다니고, 방에는 등불이 필요하다는 사실이었다. 그것은 공장에서 나오는 석탄 연기 때문이었다.

리버풀을 방문하였을 때에도 예외는 아니었다. "하늘은 항상 어둡다"(二, 119)라고 한다. 안내인의 설명에 따르면 "시내의 사람들은 그 오염된 대기를 호흡"한다는 것이다. 이는 1872년 8월 27일의 『실기』의 내용이며, 다음날 28일에도 "검은 구름이 둥둥 떠다니고 가랑비가 내리다"(二, 119)라고 기록되어 있다.

런던의 기후는 검은 구름이 끼어서 가랑비가 내리고, 태양 빛이 내리쬐는 날은 극히 적으며, 한 달 중 겨우 3일 정도인 경우도 드물지 않았다. 스코틀랜드에서는 진눈깨비가 내려서 한 달 동안 등불을 켜고 생활해야 했다고 서술되어 있다(二, 25).

런던의 건축물 기둥이 오랜 세월을 거쳐 검게 된 것도 이 나라의 연기 속에 탄소가 포함되어 있는 탓일 거라고 한다.

그러나 프랑스에 들어서면 상황은 바뀌어, "공기는 맑고 벽은 하얗고 맑은 날에는 거울처럼 비친다" 라고 한다(二, 25).

공기와 건강의 관계

이렇게 국가에 따른 기후의 변화, 특히 자연환경 중에서 공기의 맑고 탁함에 일행은 커다란 관심을 가졌다. 그러므로 베를린의 대병원에 갔을 때에, 미국식으로 증개축이 이루어져서 "천장에서 공기가 유통되는 것을 중시한" 당시의 병원 건축법에 주목하고 있다.

> 병을 고치고 건강을 회복하려면, 공기가 매우 중요하며, 약의 힘은 멀리 미치지 못하는 것이 근년에 점차 실험을 통해 입증되었으므로, 점차 이와 같이 건물(병원)을 고치고 있다고 한다(三, 321).

이 병원의 병실 수는 700개로, 환자는 2,000명 이상을 수용할 수 있었는데, 당시 1,600명이 입원중이었다. 1년 간의 경비는 40만 달러, 그중 8만 달러는 정부의 부담이었으며 나머지는 병원 부담이었다. 환자의 부담은 없었다고 하므로 사회복지의 큰 시설이었던 것이다.

이러한 병원의 구조를 서술한 뒤에 『실기』는, 다시금 공기의 중요성을 다음과 같이 평하고 있다.

> 즉 공기는 사람의 건강에 가장 중요하며 그 효과는 약보다도 훨씬 크다. 원래 건강을 유지하기 위해서는 음식이 중요하며, 음식과 마찬가지로 맑은 공기도 아침저녁으로 부단히 그 효과를 나타낸다. 공기 중의 석탄 가스는 초목에 의해 정화되므로, 병원을 길거리에서 떨어져 수목이 많은 지역에 세우는 것은 바로 이 맑은

스톡홀롬 교외의 병원

공기를 취하기 위함이었다. 아니 그것은 병원뿐만이 아니다. 사람의 일상생활에서도 공기를 맑게 하기 위해 배려하여야 한다(三, 322~323).

공업화의 과제

생활환경, 특히 자연환경에 대한 이와 같은 인식을 사절단이 느꼈다는 것은 중요한 일이다. 그것은 근대화=공업화에 임하여 불가결한 요건이었다. 만일 100년 전에 이와 같은 인식을 일본이 가지고 있어서 공업화의 과정에서도 계승되었다면, 일본의 공해 문제는 중요한 명제로서 일찍부터 강구되었음이 틀림없다. 『실기』 중에 나타나 있는 교훈을 살리지 못한 것은 단지 정치뿐만은 아니었던 것이다.

사회복지에 대한 관심

사회복지에 대한 사절단의 관심은 어떠하였을까. 일행은 이르는 곳곳에서 맹인과 농아 등에 대한 교육 시설을 견학하였다. 농아원이나 맹아원 등이다. 『실기』의 서술은 매우 상세하게 다음과 같이 기술하고 있다.

> 수화법이나 점자교육의 효과에는 놀랐다. 산크트페테르부르크의 농아원에는 한 여자아이가 있었다. 그녀는 12~13세 정도의 가련한 소녀로 발성을 잘하고 있었다. 이 소녀에게 "손가락으로 서로 대화하세요"라고 권하자, 러시아어로 "부끄럽다"고 답하였다. 사절단 중에서 러시아어가 가능한 사람들에게는 확실히 읽혔다(四, 94).

파리의 농아원은 1734년에 설립된 것으로, 당시 수화의 손짓 몸짓은 컸기 때문에 거기서 생도는 한눈에 말을 할 수 없는 사람임을 알 수 있었다. 이 학교는 장대한 5층 건물로 학생은 500명이며, 유산자의 아이들은 1년에 1,000프랑 정도를 내야 하지만, 빈민인 경우에는 무상교육이었다.

읽고 쓰기를 가르치고, 농업이나 공업 등의 기술을 몸에 익힌다. 학교에서 제작하는 데에 참여하면 노임을 지불하는 규정이 있었다. 노임의 반은 정부의 수입으로 하고, 반은 본인이 학교를 졸업

할 때에 받았다. 이를 통해 스스로 생업을 유지하는 데에 도움이 되도록 한 것이었다. 재학기간은 3년으로 대개 17~18세에 졸업한다(三, 152~153).

수화 · 점자를 알다

미국에서는 샌프란시스코에서 맹아원을 방문하였다. 그곳은 공립학교로 멋진 4층 석조 건물이 산기슭에 세워져 있었다. 여기 학생은 남녀 50~60명으로 상하 기숙사에 나뉘어져 있었는데 아래의 기숙사에는 소학생과 5~6세 아동도 있었다.

미국의 농학교는 1861년에 창설된 이래 손가락 문자에 의한 수화법이 채용되었다(中野善達 · 加藤康昭 공저, 『우리나라 특수교육의 성립』, 東峰書房, 1967). 이 수화법은 파리의 농학교의 수화법과 달리 동작이 작았기 때문에 옆에서 보는 사람은 장애아인지 쉽게 눈치 채지 못하고 말이 없는 사람 정도로밖에는 생각되지 않았다고 한다(三, 153).

샌프란시스코 맹아원 원생은 남자 20여 명, 여 7명 모두 기숙사에서 생활하며 점자법을 배우고 있었다. 이는 1829년에 브라유(1809~1852)가 고안한 브라유식 점자라고 추측된다. "우리나라에 브라유식 점자를 소개한 것은 오카다 세쓰조(岡田攝藏)의 『항서소기』(航西小記, 1866)에 이어 이 『실기』가 두 번째일 것이다"(앞의 中野 · 加藤 공저)라고 일컬어진다.

사회시설과 종교

사절단은 1873년 1월 25일 오후에 파리의 맹아원을 방문하였다. 『실기』에는 '교육의 취지'(三, 154)라 하여 다음과 같은 네 가지를 들고 있다.

> 제1은 종교의 교의를 읽고 깨달아 정상인과 마찬가지로 신의 뜻을 감지하고, 사람다운 길을 알게 하는 것.
>
> 제2는 생업을 제공하는 것.
>
> 제3은 생활에 불편이 없도록 훈련할 것.
>
> 제4는 인간으로서의 교제에 부족함이 없도록 할 것.

사절단이 산크트페테르부르크의 '육영원'을 방문하였을 때, 이와 같은 시설은 미국, 영국, 프랑스 기타 여러 나라에도 존재하고 있었다. 그것은 혹은 정부가 설립하기도 하고 혹은 종교단체가 설립하기도 하고 혹은 인민들이 공립으로 설립하였다. "로마교회가 세운 시설이 많다"(四, 91)라고 서술하고 있다. 『실기』가 종교 의식과 이 문제를 연관지어서 파악하고 있는 것을 알 수 있다.

사절단이 본 시설은 그 외에도 '정신병원'이나 '재활원' 혹은 '노인병원' 등 많다. 사절단의 사회시설에 대한 관심은 폭넓었던 것이다.

메이지 정부의 사회정책

돌이켜 일본을 보면, 일본에서도 그러한 사회 시설에 대한 요구가 없지는 않았다. 막부 말기인 1866년 8월, 에도(지금의 도쿄) 고이시카와(小石川)에서 발견된 투서와 전단에 '병원', '맹아원'[盲院] '양로원'[老院], '유치원'[幼院] 등을 만들라는 슬로건이 명확히 나타난다. 그리고 메이지 초기에 지금 살펴보는 바와 같이 이와쿠라 사절단이 구미 각국에서 여러 시설들을 세밀히 시찰하고 있는 것이다.

메이지 정부도 사회정책을 시행하려고 하였다. 그 구체적인 사례는, 이케다 요시마사(池田敬正)의 역작 『일본사회복지사』(日本社會福祉史, 법률문화사, 1986)에 자세히 기술되어 있다. 그 정책은 1868년 1월 14일 「오개조의 서문」 다음날 「오방의 高札」의 제1찰이, "홀아비, 과부, 고아, 무의탁자, 결핵에 걸린 사람 등을 불쌍히 여길 것"이라고 쓰여 있듯이, 이는 유교적 정치 의식에 기초한 인정(仁政) 사상이며, 그 연장선상에서 메이지 정부가 행한 '구빈정책'이었다. 거기에 관철되고 있는 것은, 기본적으로는 "천황의 자애로서 실현하지 않을 수 없었다"라는 것이다(앞의 책).

원래 경제 발전이나 사회 변화 등에 따르는 변용에 대한 대응도 있었을 것이다. 그러나 기본적인 인권 의식이 결여되어 있었기 때문에 현실의 정책은 실질적이지 않고 형식화 · 공동화하는 일이 많았던 것이다.

VI. 과학과 문화

런던의 사우스 켄딩턴 박물관

1. 동물원 · 박물관 · 박람회—앎의 체계화

동 · 식물원에 대한 생각

『실기』는 유럽의 식물원이나 동물원은 일본의 '식목옥'(植木屋), '금수관장'(禽獸觀場)과 다소 차이는 있어도 외견이 비슷하다고 하였다. 그러나 그 설치의 본령은 원래 서로 반대라고 하였다.

즉 유럽의 동물원은 동물이나 조류의 부화에서 탈피 · 생육의 과정이나 집짓기 · 번식, 그리고 죽음에 이르는 생태를 많은 종류에 걸쳐서 추구하고, 그 일생의 과정을 체계적으로 사람들에게 보여 주고자 한다. 식물원도 성격은 거의 같다. 이에 반하여 일본의 경우는 '희귀한 짐승과 희귀한 식물'을 통해 사람들을 놀라게 하는, 말하자면 보이기 위한 것에 불과하다는 것이다.

그러므로 유럽에서 동 · 식물원은 "생업을 발전시키며 학문과 지식을 넓히는" 재료이므로, 어느 정도 경비가 들어도 아깝지 않다, 라고 서술하고 있다(一, 82~83).

벨기에의 '치에르' 대공원 안에 있는 동물원의 연간 예산은 1

만 5,000타라(1타라는 영국 3실링), 그 외에 동물의 구입비가 계상되고 있다고 한다(三, 312).

다시 말해 서양의 경우에는 동 · 식물원에서의 이윤은, 유형의 이학(理學)을 진보시켜서 농 · 공 · 상의 실익을 발견하고, 번영의 매개가 되는 것이라고 강조하는 것이다. 여기에 반하여 동양에서는 무형의 이학으로 풀 한 포기 나무 한 그루를 연구하는 것을 비웃고 진귀한 것을 자랑스럽게 바라보며, 눈앞의 이익을 취하는 것과 같아서 서양의 경우와 같이 논할 수 없다고 한다. 이는 다른 것도 마찬가지로, 서양과 동양은 풍속이 서로 달라서 일견 외모는 비슷하여도 그 뜻이 다른 점은 항상 이와 같다고 말한다(一, 83).

'유형이학'과 '무형이학'

여기서 말하는 서양의 '유형이학'(有形理學)과 동양의 '무형이학'(無形理學)의 대치는 의미하는 바가 깊으나, 요컨대 서양 사람들은 합리적 · 체계적인 사고에 입각하여 논리를 정리한 뒤에 실리를 만들어 낸다. 여기에 반하여 아시아 사람들은 습관적인 방법에서 빠져나오지 않고 눈앞의 이익만을 추구한다고 한다. 전자의 발상이 원리적임에 반하여, 후자는 관습적 · 타성적이라고 말할 수 있다. 그것은 『실기』가 그 총괄인 「정속총론」(政俗總論, 제89권)에서 백인은 욕심이 많은 인종이라고 하고, 황인종은 욕심이 적은 인종이라고 하고, 또 서양의 '보호의 정치'와 동양의 '도덕의 정치'를 대비시키고 있는 것과 밀접하게 관련되어 있다.

『실기』의 동물원에 관한 기술은 여러 곳에서 드문드문 발견되며, 이들 기사에 의한 나카노 미요코(中野美代子)의 "『미구회람실기』에 보이는 동물원 견학기록과 동물관"(田中彰 · 高田誠二 편, 『「米歐回覽實記」の學際的硏究』)은 이에 대한 한 분석을 행하고 있다. 이 논문에서 나카노는 『실기』의 고찰 한계를 다음과 같이 설명하고 있다.

> 구메 구니타케는 유형이학의 필요성을 강조하면서도 동물원에 대해서는 극히 희박한 관심밖에는 갖고 있지 않았음을 살필 수 있다. 즉 이와쿠라 사절단으로서는 구미 선진 제국에서 배워야 할 것은 정치 · 경제 · 기술 등 선진적 제도에 있었고, 동물원 같은 것은 유한시설에 불과하였던 것이다.

박물관에 주목

눈을 박물관으로 옮겨보자. 동물원에 비하면 박물관 기사는 훨씬 많다. 그것은 캐나디언 폭포 옆의 박물관(一, 286~287), 런던의 사우스켄싱턴 박물관(二, 64~66), 대영박물관(二, 112~115)을 비롯하여 각국 각지에서 기록하고 있다. 표기도 '박물관' '박고관' 등 다양하다.

위의 대영박물관, 즉 브리티시 뮤지움에 대해서 구체적으로 서술한 후 그 박물관의 역할과 의의를 다음과 같이 통찰하고 있다.

> 박물관을 보면 그 나라 개화의 순서가 스스로 마음에 감촉을 주

> 는 것이다. 생각건대 나라가 흥하는 것이나 그 이치를 풀어내는 것 등은, 돌연히 일어나는 일이 아니라 반드시 순서가 있다(二, 114).

박물관에 가 보면 그 나라의 '개화의 순서' 가 저절로 이해되며, 어느 나라든지 급격히 개화된 것은 아니다, 라는 뜻이다. 더 나아가 이런 기술도 있다.

> 먼저 안 사람이 뒷사람에게 전달하고, 선각자가 뒷사람을 가르쳐, 서서히 발전하는 것이다. 이를 일컬어 진보라고 한다. 진보란 단지 구태를 버리고 새로움을 도모하는 것이 아니다. 그러므로 국가가 성립하는 것은 스스로 맺어서 배움이 있어야 하며, 배움에 의해 그 아름다움을 연마하여 결과가 나타난다. 지식의 개명에는 그 유래가 있다. 유래에 의하여 그 선함을 발하여 이룬다. 그 유래의 순서를 명료하게 보여 주는 것이 박물관보다 나은 것이 없다. 그리하여 옛사람이 이르기를 백문이 불여일견이라고 하였다. 참으로 직접 보는 것이 듣는 것보다 사람에게 잘 이해되는 것이다(二, 114).

'선지자' 가 '후지자' 에게 전하고, '후지자' 가 이를 계승하여 조금씩 전진을 도모하는 것이 '진보' 라는 것이다. 진보란 단지 옛것을 버리고 새로운 것을 취하는 것은 아니라고 단언하고 있다. 그리고 귀로 듣는 것보다는 현장이나 비주얼한 형태로 체험하는 것이 사람들에게 주는 영향이 훨씬 크다고 역설하고 있다. "감동이 마음을 움직여서 학습 의욕이 패연히 일어나 멈출 수 없는" 것이다. 이 감동에 의해 "스스로 분발하여 이의(理義)와 실술(實術)을 함께 진전시킨다" 고 하였다(二, 115).

『실기』가 인식하는 동서의 차

여기서 『실기』는 다음과 같은 동서양의 차이를 들고 있다. 즉 유럽 사람들은 한번 집을 세우면 대를 이어서 이를 수선하고 점차 훌륭한 것으로 만든다. 중국인은 세울 때에는 세심하게 주의를 기울이지만, 한번 세워진 후에는 청소도 수리도 하지 않고 폐가가 되어도 그냥 둔다.

일본인은 어떠한가. 일본인의 경우는 양쪽과 또 다르다. 세울 때에는 예의 노력을 다하고, 일단 완성되어 이윽고 망가지게 되면 또다시 세운다. 건축과 붕괴 그리고 개축의 반복이라고 지적한다. 여기에는 "진보개량이 적다" "이는 성질이 그러하기 때문인가. 원래 교육이 아직 미치지 못하였기 때문인가" 라고 말한다. 그리하여 이러한 차이를 확실히 보지 못하고 거기서 새로운 지식을 이끌어내지 못하며 습성의 차이라고 말해 버리면, 박물관이 그 기능을 다하고 있다고는 말할 수 없는 것이다(二, 115)라고 말하고 있다.

이 『실기』의 기술은 박람회의 기술과도 중복된다.

빈 만국박람회

박람회에 대해서는 오스트리아의 빈 만국박람회에 대해 자세하게 서술하고 있다(제82권 · 제83권). 여기서는 거기에 전시되어 있는 세계 각국의 생산물에서 각각 그 나라의 '자주 정신' 의 강약과 대국 · 소국의 관련을 파악하였으며, 소국이라고 해도 자주 정신이 넘치고 있다면 그 제품은 대국의 제품보다 사람들에게 감동을 준다고 단언한다. "국민 자주의 생활방식에 있어서는 큰 나라도 두려워할 것이 없으며, 작은 나라도 무시할 바가 없다"(五, 22)라고 단언하며, 원문에는 일부러 방점을 찍어서 강조하고 있다. 이러한 자주 · 자유로운 생산 경쟁이야말로 지금 개명된 세상에는 필요한 것이라는 견지에서 이를 '평화로운 전쟁' (V장 참조)이라고 이름 붙이고 있는 것이다. 여기에는 자본주의 원리에 입각한 바가 있다.

요시미 슌야(吉見俊哉)의 『박람회의 정치학—시선의 근대』(中公新書, 1992)는, 박람회를 "그 투명한 분류학적 질서 속에 지구상 발견되는 모든 것을 기호로서 배열하는 시선의 공간이다" 라고 정

오스트리아의 빈 만국박람회

의한다. 마쓰미야 히데하루(松宮秀治)의 「만국박람회와 박물관」(西川長夫 · 松宮秀治 편, 『「미구회람실기」를 읽다』 소수)는, 『실기』가 말한 '평화로운 전쟁' 이나 "큰 나라도 두려울 것이 없으며, 작은 나라도 무시할 것이 없다" 라는 표현에서, 다음처럼 서술하고 있다.

> (구메는) 만국박람회의 부정적 부분보다는 긍적적 부분에 시야를 두고 '소국입국론' 의 방책을 배우고자 했던 것이다. 구메가 추구하였던 '소국입국' 의 방책은 일본의 대국화, 즉 부국강병이 아니라 평화로운 전쟁이라는 '기술 경쟁' 에 의한 '소국적 자립' 과 부국의 길이었다.

그리고 그 한계를 이렇게 지적하고 있다.

> 빈 만국박람회를 연출한 사노 쓰네타미(佐野常民)나 구메 구니타케는 메이지 전기라는 청년기 역사 특유의 정열을 가지고 미래와 진보를 믿고, 그 실천 프로그램을 박람회 · 박물관 중에서 그려내고자 하였다. 그러나 그들은 모두 지나치게 낙천적으로 정치 실천에 의한 해결을 추구하여 이론적 추구를 게을리하고 말았다.

하지만 『실기』 역시 그 사실은 자각하고 있었다.

『실기』의 자기비판과 자성

이미 살펴본 바와 같이, 도로에 관한 합리적인 사고 논리나(제5장 3절), 유럽인이 사업을 일으킬 경우 먼저 계획을 세우는 데에

"매우 주도면밀하게 생각을 다하여" 하고, 설계도에서 완성까지 적어도 10년의 공정을 거치는 것에 비하여, 일본인은 "별안간에 계획을 세우고 바로 회사를 설립하여 화급하게 사업을 확장하며, 1년이 채 되지 않은 사이에 장려한 건물을 세워서, 사람의 눈을 휘둥그레 만들 즈음에는 이미 그 이익의 실제는 쇠퇴하기 시작한다"(三, 201~202)라고 한다. 거기에는 비합리적 · 비체계적 사고에 대한 통렬한 자기비판과 자성이 있었다. 이는 다음과 같은 기술로 표현된다.

> 이는 그 성질이 활발하고 경솔함에 의한 것이라 하지만, 실은 아직 이익의 참된 의미를 이해하지 못한 때문에 생겨나는 것으로, 이 뜻의 두세 단어를 잘 음미하여야 한다(三, 202).

깊은 의미를 지닌 구절이다.

2. 공원과 아카이브즈(archives)—공공의 공간

동양과 서양에서 다른 '사유권'

『실기』는 동양과 서양은 풍경과 성장이 서로 다르고 반대인 것처럼 보인다고 반복해 말하고 있다. 그 하나의 예로서 서양인은

'외교를 즐기는 것' 에 비해 동양인은 꺼린다고, 기술하고 있다. 그 이유에 대해서는 일본의 오랫동안 계속되어 온 쇄국의 습성이 남은 것일 뿐만이 아니라며, 원래 아시아인에게는 재산에 대한 '경계' 가 적어 무역을 '서두르지 않는다' 고 설명을 덧붙인다.

이 지적은 언뜻 아무 관계가 없는 것처럼 보이나 의미하는 바는 이렇다. 서양인이 재산권에 얽매이는 까닭은 일반적으로 토지가 척박하여 그것을 풍요롭게 만들려고 힘쓰고 인력을 투입하기 때문이다. 그러므로 이 인력을 투입한 재산의 사유권을 주장한다. 그것이 자기 자신의 생활을 즐기는 기본이라고 생각하고 있다. 이에 반해 아시아, 특히 일본은 어디나 토지가 비옥하여 그다지 인력을 투입할 필요가 없어 사유권 문제에 관심을 갖지 않는다, 고 한다.

무역에 대해서도 인력 투입의 결과로서 그 생산물에서 이윤을 얻으려는 유럽인의 발상에 비해 일본에서는 그런 관심이 결여되어 있다는 것이 『실기』의 변명이다. 그리고 이 발상은 앞에서 설명한 서양의 '유형이학' 에 대한 동양의 '무형이학' 이라는 대비로 통한다, 라고 한다.

공원과 정원의 차이

나아가 유럽인들은 여행을 즐긴다. 이러한 사고가 있기 때문에 아무리 작은 마을에도 반드시 공원을 만들고 있다고 한다. 그러나 아시아인들은 가만히 머물러 있는 것을 즐긴다. 따라서 개개인의 집에 조그마한 정원을 만든다고 한다.

서양인이 아웃도어의 생활을 즐기는 데에 반하여, 동양인은 가만히 머무른다. 이는 칩거라고 인식되기 쉽지만 그런 의미는 아니고, 오히려 집 안의 폐쇄된 공간 생활을 즐기며 밖에서의 생활을 추구하지 않는다는 의미이다. 이러한 아시아인의 생활에서 본다면, 미국인과 같이 모두가 밖의 광장에서 유람하고 있는 것이 오히려 비정상적으로 인식될 것이라고 한다.

막부 말기 가가번(加賀藩)의 사노테이(佐野鼎)가 쓴 『방미일기』에는 이렇게 쓰여 있다.

> 무릇 합중국에는 평상의 주거에 샘물 등이 솟는 정원을 만들지 않는다. 예배일(7일마다 휴일이 있다. 이것이 일요일)의 여가를 이용하여 나라 안의 인민들이 빈부귀천 없이 모두 소요원(逍遙園, 공원)에 나가서 유람한다. 민중들과 같이 즐김을 보게 된다(「막말 · 개화기의 센트럴파크」, 『庭』 1982년 2월호).

여기서도 일본인이 노는 장소와 미국인이 노는 장소의 차이가 인식되고 있다.

한편 『실기』는 각 나라 각지에서 보는 공원 경관의 아름다움을 강조하고 있다. 그리고 공원이라는 열린 장소를 만들어 공공 공간으로 하는 서양 의식과, 정원이라는 어디까지나 개인의 집에 속한 공간으로 하는 일본인의 의식의 차이를 지적한다. 여기에는 '공'(사회)과 '사'(개인)라는 인식과 발상에 동양과 서양의 차이가 있음을 짐작하게 한다.

공원에 대한 자리매김

그러므로 서양의 공원은 천연의 아름다운 곳을 선택하여 만들고, 더욱 인공을 가하며, 청소도 잘하여 사람들 모두가 즐길수 있도록 하고 있다. 사람들이 자연을 마음껏 즐기는 것이 소중하다고 본다.

그러나 뉴욕의 공원은 모든 것을 완전히 인공적으로 만들어 놓았기 때문에, 참된 아름다움을 잃고 있다고 필라델피아 사람들은 비판하고 있다. 이 비판에 대해 뉴욕 사람들은 반대로 필라델피아의 공원이 단지 야산을 그대로 공원으로 만든 것에 불과하다고 비웃는다고 한다(一, 328). 가능한 한 자연 그대로 공원으로 할 것인

파리의 뷔트쇼몽 공원

가, 자연에 인공을 더하여 보다 즐거운 곳으로 만들 것인가의 견해 차이다. 그러나 공원의 '공' 에 대한 발상은 마찬가지이다.

또 하나 공원에 대한 인식은 파리의 '뷔트쇼몽 공원' 과 '바데블롱 공원' 에 대한 서술에 나타난다. 『실기』는 전자를 노동자를 위한 공원이라고 하고, 후자를 귀족의 공원이라고 한다. 이러한 계급의 차이가 있는 이 두 공원에서, 전자를 만든 나폴레옹 3세의 행위를 아름다운 행위의 하나라 한다(三, 84). 동시에 나폴레옹 3세의 공원은 사회 정책의 일환으로 만들어졌다고 지적하고 있다.

그렇다면 일본 근대의 공원은, 바로 사회 정책의 일환으로 탄생하였다고 할 것이다.

일본의 공원

1873년 1월 15일의 태정관 포고로 도쿄 · 교토 · 오사카를 비롯하여 인민이 많이 모여 사는 땅, 즉 옛날부터의 경승지나 유명한 사적이 있는 곳, 지금까지 많은 사람들이 놀러 와서 모이는 장소를 거명하고 있다. 도쿄에서는 긴류잔 센소지(金龍山 淺草寺), 도에이잔 간에이지(東叡山 寛永寺) 등이며, 교토에서는 야사카지(八坂寺), 기요미즈데라(清水寺)의 경내, 란잔(嵐山) 등 신사와 절의 경내, 조세 면세지나 공유지 등이다. 그리고 에도시대 이래 면세지가 되었던 이 토지들은 "영원토록 만민이 즐기는 땅으로 공원으로 정한다" 라고 하였다. 각 부현에서도 조사를 행하여 도면을 첨부하여 대장성에 제출하라고 하였다.

시라하타 요자부로(白幡洋三郎)의 『근대 도시공원사의 연구 — 서구화의 계보』(思文閣 출판, 1995)는 이 태정관 포고의 목적을 세 가지로 정리하고 있다.

(1) 토지 · 종교 정책(지조개정과 관련하여 절 및 신사 토지 처분의 문제)
(2) 서구화 정책(문명개화정책 및 외국인의 공원 설치 요구)
(3) 사회 정책(종래부터의 일본인 옥외 레크리에이션으로서 꽃구경 명소 등의 보전)

좀더 자세히 보면, 1873년 1월의 태정관 정원에 대한 대장성 질의에는 지금까지 면세였던 경승지에 과세를 할 경우, 땅 주인이 꽃과 나무를 벌채하거나 개간을 하여서 손실을 불러일으킬 우려가 있으므로, 사람들이 즐기는 경승지는 '영원히 공원지' 로 하고 싶기 때문에 건의한다고 하였다. 이 발상으로 공원이 정의되고 만들어졌다.

공원 설치는 정부의 토지 정책의 일환이자 사회 정책이었고, 나아가 외국인의 설치 요구에 부응한다는 서구화 정책과도 관련되어 있었다.

그러므로 시라하타 씨는 다음과 같이 서술하고 있는 것이다.

개국 개화 이래, 일본에서는 서양을 모델로 하는 '관리들의 공원' 과 토착민을 위한 '서민들의 공원' 이 병존하고 있었다(동, 「주군이 만드는 공원의 시대는 끝났다」,『중앙공론』 1992년 3월호).

이 공원 정책은 서민의 습속을 받아들이면서 교묘하게 위로부터의 채널로 넣은 한 예라고 할 수 있을 것이다.

'공원' 설치 포고는 1873년 1월의 일로, 이와쿠라 사절단은 이미 샌프란시스코의 공원을 보고 뉴욕, 보스턴, 필라델피아, 런던, 글래스고, 에딘버러의 공원 등을 참관하고 있었다. 앞서 말한 파리의 두 공원을 본 것은, 그 해 1월 10일부터 2월 2일에 걸쳐서이므로, 사절단의 파리 공원 견학은 일본의 공원설치 포고령과 거의 같은 시기의 일이다.

'관' 공원과 '공' 공원

사사키 구니히로(佐佐木邦博)는「메이지 초기 이와쿠라 사절단이 본 파리의 도시공원 이해」(일본 造園학회지『랜드 스케이프』 58-5, 1995년 3월)에서,『실기』는 파리의 공원을 공원뿐만 아니라 가로수나 광장을 포함한 일체로 파악하여 동시에 "특히 파리의 경우는 노동자에 대한 사회 정책상 수행 목적의 하나로 간주"하였다고 하여, "다시금 공원이 수행하는 사회 정책적 역할의 중요성에 주목하고 있다"고 의미를 부여하였다. 일본에서의 발상과 파리 공원의 발상은 그 유래를 달리하고는 있지만, 사회 정책적이라는 의미에서는 방향이 같았다고 말할 수 있겠다. 아니 일본의 경우, 시라하타가 공원은 "상부의 지시에 의해서 성립되었다"(시라하타 요자부로,「일본 문화로 본 공원의 역사」,『일본 문화로서의 공원』, 八坂書房, 1993)라고 말하고 있듯이, 공공의 공간으로서의 일본 공원의 '공'에는 '관'의 의미가 강하게 남아 있다. 서양인처럼 놀면서 모두가 즐길 수 있기 위한 공공의 장소로서의 '공'과 차이가 있었던 것이다.

원래 일본에서도 습속으로 서민이 모여서 즐기는 장소로서의 기능은 유지되고 있었다. 그러나 그러한 사항을 교묘하게 내포하면서 근대적이라는 포장으로 그것을 "상부로부터" 제도화하여 간 것이 일본의 '공원'이었다. 일본 공원의 '공'에는 '관'과 '공'의 교묘한 유착이 담겨 있다고 말할 수 있다.

또한『실기』에는 '公苑'이라는 표현도 많이 사용하고 있지만 달리 '廣苑', '公園', '遊園', '庭園', '庭苑', '大苑' 등 다양한 표기가 보인다.『실기』집필시에는 아직 '公園'이라는 표현이 정착되어 있지 않았음을 알 수 있다. 이 정착 과정이 동시에 '관'에 의해서 규정 · 통일되는 과정이었음이, 일본 공원에 숨겨 있는 특성이었던 것이다.

아카이브즈

또 하나의 공공의 공간으로서 문서관을 살펴보자.

문서관(archives: 아카이브 혹은 아카이브즈라는 표기로 사용되고 있다)은 일본에서는 아직 익숙하지 않다. 이는 통상 기록 · 문서류 및 이를 보존 · 관리하고 활용하기 위한 기관 등을 총괄하여 칭하는 경우가 많다. 문서관 혹은 공문서관 · 사료관 등 사료보존기관이 이른바 아카이브라고 되어 있다(한편 일본에서는 일반적으로 역사 사료를 몬조라 하고, 관청의 공문서를 분쇼라고 일컬으며 표기는 똑같이 文書로 한다).

그런데 이 아카이브라는 가다가나 표기는 사절단이 베네치아에 들렀을 때 『실기』에 보인다.

베네치아의 '아르치프' 서고에 들렀다. 이 서고에는 서기 700년 이래의 文書典冊이 蓄藏되어 있다(四, 350).

그리고 여기에 다음과 같은 설명도 있다.

이 서고가 소장하고 있는 바, 130만 권의 문적은, 즉 고래의 장부, 백과사전류, 여러 사람의 저작물로 처음부터 이 넓은 서고에 수집된 것이 아니다. 지식이 열리게 되면 세상에 버릴 물건이 없고, 문운이 번성한 곳에서는 문서를 애지중지한다(四, 350).

자료 · 사료 보존의 중요성을 자각

방대한 자료와 사료를 보고, 그 보존이 얼마나 문화 진전과 밀접하게 관련되어 있는지 자각하고 강조하여 다음과 같이 말한다.

서적이 중요함은 政術과 학문이 이루어진 다음에 그 소중함이 생기는 것이 아니다. 비유컨대 장인이 사용하는 곱자가 구부러지고 모남의 이치를 따른 것이며, 대장간의 풀무가 '펌프'의 근본이 되는 것과 같이, 사소한 도구에도 깊은 이치가 있다. 그 감추어진 이치를 밝히는 것을 진보라 한다. 그러므로 시정 항간의 장부는 상법 · 민법의 기원이 되며, 국가의 치안과 관련된다(四, 350~351).

자료와 사료의 보존이야말로 한 나라의 치안이나 운명에 관계될 만큼 중요하기 때문에, 서고(문서관)를 설립하고 그 보존에 노력하지 않으면 안 된다. 실로 서양에서는 박물관이 있으며, '폐지단편' 에 이르기까지 수집 보관하고 있다. "학문이 지극히 발달하였다고 말할 수 있다" 라고 말하고 있다. "서양이 잘 일신하고 진보하는 근원은 옛일을 사랑하는 정에 의한다" 라고 말하며, 혹은 "천백 년의 지식, 이를 축적하면 문명의 빛을 만든다"(三, 72)라는 말과 합해 본다면, 자료와 사료 보존의 중요성을 강조한 발상과 인식을 알 수 있다.

사절단이 베네치아의 서고에서 특히 주목한 것은, 17세기 전반의 하세쿠라 쓰네나가(支倉六右衛門 常長) 등 견구사절단이 서명한 문서를 본 다음부터이다. 전권대사인 이와쿠라는 구메에게 명하여서 이를 모사하게 하였다(四, 351). 『구미방무문서』(久米邦武文書) 중 구메가 휴대하였던 수첩에 연필로 이 모사가 남아 있다. 훗날 역사학자가 되는 구메가 귀국 후에 수사관(修史館)에서 문서의 수집에 관여하였으며, 또 일본 고문서학 체계화의 선구자였음을 생각해 둘 필요가 있으리라. 『실기』가 아카이브라는 용어를 사용하여 기술한 것은 메이지기 이래의 가장 빠른 예에 속할 것이다. 그러나 여기서는 수집된 고문서의 공개 기능에 대해서는 언급하고 있지 않다.

일본 문서관의 현재

일본에서 국립 문서관이 구체화된 것은 제2차 세계대전 이후의 일이다. 1949년 '국립국회도서관 헌정자료실 모집계' 설치나, 1951년 문부성 사료관의 설립 등을 그 선구로 들 수 있다. 지방자치단체에서는 1959년 야마구치현 문서관이 처음이다. 그리고 이 흐름은 1971년 국립공문서관의 설치, 외무성 외교 사료관의 개관 등을 거쳐서 1987년의 공문서관법의 제정으로 이어진다. 이후에도 각지에서는 자치단체의 문서관 내지는 이에 준하는 기관이 속속 설립되었다. 이 법 제정은 『실기』가 이를 기술한 지 100여 년 만의 일이다. 일본에서 이 문서관 설립이 길이 얼마나 멀었는지 알 수 있다.

『실기』의 관련 기술은 이미 살펴본 박물관의 기술이 가장 많고, 도서관(대학 관련을 포함)이나 이 문서관에 관한 기술은 많다고는 할 수 없다. 도서관에 대해서는 여기서는 생략하고자 한다.

3. 성서와 국가—종교의 역할

종교 문제의 미묘함

이와쿠라 사절단은 당초는 종교와 관련된 교섭은 가능한 한 회

피하려고 하였다고 생각된다. 당시 일본은 기독교 금압 문제와 관련하여 내외에 미묘한 사정이 있었기 때문이다. 사절단 파견과 관련하여 버베크의 '브리프 스케치'의 제안에는 기독교 금지 포고령을 폐지할 것을 확실히 주장하여, 일부러 "종교적 관용에 대한 각서"라는 제목의 문장이 들어 있음에도 불구하고, 사절단은 적극적으로 대응하려는 자세를 취하지 않았다.

그러나 실제로는 그럴 수 없었다. 요코하마 출항 후 미국으로 향하는 선상에서 선교사 고불이 기독교 문제를 논해 달라고 요청하자, 이와쿠라와 구메는 이에 대응하지 않을 수 없었다. 구메는 샌프란시스코에 도착하자 얼마 되지 않아서 대사부속 추밀기록 등의 조사와 각국 종교 시찰을 명받았다.

사절단은 구미에서는 종교(주로 기독교)가 민중 한 사람 한 사람에게 침투되어, 매주 예배일에는 귀천을 막론하고 교회에 나아가 설교를 듣고 기도를 올리는 것에 놀랐다. 그 신앙의 중심이 '성서'였으며, 이는 '서양의 경전'이며, '인민 품행의 기본'(一, 341~342)이라고 하였다.

성서와 국가의 부강

뉴욕의 성서 회사를 견학하였을 때, 성서를 세계에 보급하기 위해 이 회사는 신자들에 의해 만들어졌음과, 성서가 이미 30개국에서 번역되어 모두 싼값에 판매되고 있음을 알았다. 나아가 각 가정에서 개인이 반드시 이것을 소지하고 있으며, 여행중에도 손에서 놓지 않는다. 호텔에서 병원, 감옥에 이르기까지 성서는 비치되어 있었다. 『실기』는 말한다.

> 원래 백성들이 신을 경외하는 마음은 열심히 노력하려는 태도의 근본이며, 품행의 선함은 치안의 근본 요소이다. 국가가 부강함도 이로 인하여 생기는 바이다(一, 342).

사절단은 신을 경외하는 마음과 국가의 부강, 즉 종교와 국가의 관계를 확실히 인식하고 있었다. 이는 당연히 동양 내지는 일본의 현상과 대비되지 않을 수 없었다.

동서양의 종교 비교

『실기』는 말한다. 동양의 유교는 '수신학'이다. 사서육경(대학 · 중용 · 논어 · 맹자의 4서와 역경 · 시경 · 서경 · 춘추 · 예기 · 악경의 6경)은 일본에 알려진 지 2,000년에 이르지만, 이를 읽고 이해할 수 있는 사람은 지식인 중에서도 극히 적은 수에 불과하다. 「충효인의」의 수신 덕목은 그 이름만이 '정법의 권위'에 의해 평민에게 알려져 있을 뿐이다. 그 의미하는 바를 대학자에게 물어보아도 어지간해서는 요령을 얻지 못한다고 한다. 통렬한 비판이다. 모두 그 이익과 생계를 위해 핵심을 잃고 설을 왜곡하여 시류에 영합하고 있기 때문이다.

승려는 불전에 대해 일단은 계율을 지키고, 이를 따르는 듯하지만, 내용을 알고 있는 자는 100명 중 2～3명에 불과하다. 이리하여 어찌 사람들을 가르칠 수 있을 것인가. '염불과 기도' 는 "단지 정욕에 따를 뿐" 으로, 품행이 '인민에게 나타나는 정도' 를 가지고 논한다면, '세계 최하등' 이라고 평가받아도 어쩔 수 없다고 불교에 대해서 가혹한 비판을 내리고 있다(一, 343～344).

기독교에 대한 비판도 물론 있다.

'신구약성서' 는 일부 황당한 이야기며, 하늘에서 소리가 내려와 죽은 사람이 부활한다는 말은 '미친놈의 잠꼬대' 라고 한다. 교회 내에 '붉은 피가 뚝뚝 떨어져서 죽은 죄수가 십자가를 내려오는 그림' 을 걸고 있어서, 마치 '묘지를 지나서 형장에 들어가는 느낌' 이 든다. 이를 어찌 기괴하다고 말하지 않을 수 있겠는가, 라고 극언하고 있다(一, 343).

그러나 결국 종교에서 중요한 것은 논리가 아니라 '실행' 에 있다. 서양인은 일상생활 중에서 이를 마음으로부터 신앙하고 "그 습성이 뼈에 사무치게 들어 있다" 라고 해도 좋을 정도이다. 이에 반하여 동양에서는 전통적인 것을 버리고 지키지 않음은 물론이고, 유럽에서 믿고 있는 종교를 부러워하며 선망한다고 한다. 이는 마치 상점에서 물건을 사는 것과 비슷하게 취사선택하는 것이다. 무슨 이익이 있을 것인가. 그 결과 수십 년 후에는 "동양의 정수는 모두 서양으로 보내고 서양의 오물은 동양에 모으는" 현상이 나타날 것이다. "식자들은 다시금 고려하지 않을 수 없다" 라고 주의를 환기시키고 있다(一, 344～345).

『실기』의 이런 기술을 보면 동서양의 종교 실태와 그 장단점에 대한 인식과 고찰은 점차 깊어지고 있으며, 그 고려가 이윽고 기독교 해금 문제에 반영된다.

여기서는 그 필요한 만큼만 요점을 살펴보자.

국가와 종교라는 과제

사절단은 각국을 회람하는 과정에서 항상 기독교 금압 문제를 가지고 있었다. 그것은 국가와 종교라는 문제이기도 하였다. 사절단은 종교가 '부국강병'의 수단으로서 정치적으로도 사회적으로도 큰 역할을 수행한다고 인식하여 주목하고 있었다. 가톨릭이 국민에게 긴요한 통로를 갖고 있다는 것은 아시아 '도덕정치의 나라'에서는 생각할 수 없는 일이며, 여기에 대응하는 신교는 정치·군사·상공·농목 등 모두 "사람이 사람을 사역한다"고 보고 있다. 나아가 "사람의 인기를 모아서 규율에 준하는 도구로서 그 권모를 이용하는 것과 흡사하다"라고 한다(四, 73).

달리 표현하면 "각 나라의 지배자는 종교를 도구로 삼아서 국세를 흥하게 하고 인기를 고무시킨다"라고 하였다(五, 155). 요컨대 종교의 도구화, 결국은 종교를 수단으로 삼아 정치적으로 이용하고 있음을 주목한 것이다.

동시에 『실기』는, 종교와 문명의 관계를 파악하고자 한다. 로마 문명의 성쇠는 가톨릭의 힘에 좌우되었다고 한다. 이는 「유럽정치총론」(제89권, 五, 155~157)에서 총괄적으로 고찰하고 있다. 야마자키 미나코(山崎渾子)의 표현을 빌리면, "오래된 종교에서 새로

바티칸의 성베드로대성당

운 종교로 단지 문명 발달 단계와의 관계 속에서 파악하는 낙관론에서, 문명국에 어울리는 것이 개신교라는 견해"가 표출된다는 것이다(야마자키 미나코, 「구메 구니타케와 종교 문제」, 『聖心여자대학 논총』 71, 1988년 7월).

여기에는 로마가 유럽 문명의 원천지이며, 유럽 문화는 거기에서 오랜 세월을 거쳐서 생겨난 것이라는 인식이 있다. "오호라 나라의 문명은 일조일석에 축적되는 것이 아니라 수천 년 세월을 거쳐 잉태되고 난 후에 세상에 널리 퍼지는 것이 이와 같다"(四, 288)라고 하였다.

이 역사의 종적 연속성에 대해서 현실의 역사는 횡적 이질성으로서 동서 문명을 생겨나게 하였다. 이는 동서 교통이 막혀서 생긴 것이다. 그러므로 "아아 1,700년 전의 시대로부터 동서양이 서로 선박의 왕래와 교역이 끊이지 않고 오늘날에 이르렀다면, 지구 전체가 같은 국제법을 가지고 서로 지혜를 다듬어 유무를 서로 통하여 동서양의 인민이 그 이익을 얻음이 어찌 오늘날의 일뿐이랴"(四, 290)라고 한다.

거기에는 개국 이래 일본이 구미를 본받아서 근대화에 착수하려고 하였을 때, 그 구체안을 얻기 위해 각국을 회람하고 있는 이 사절단의 사명이 중첩되어서 나타나는 자각을 다시금 통감하고 있는 것이리라.

이러한 문명 혹은 종교에 대한 고찰과, 거기서 나타나는 고민, 그리고 외국측의 국가적 요청 등이 유수(留守)정부로 하여금 1873년 2월의 기독교 금압의 고찰을 철거한다는 극히 애매한 해금으로 나타났다고 이해할 수 있을 것이다.

그 후의 구메와 종교

여기서 그 후 구메와 종교의 관련에 대해 약간 서술해 두자.

구메는 1879년 태정관 수사관(修史館)으로 직을 옮겨서 역사 편찬에 임하였다. 그는 유교풍의 권선징악 사관을 배척하고 실증주의를 관철하였으며, 동시에 구미를 회람하면서 몸에 익힌 국제적 시야와 합리주의를 가지고 있었다. 1889년에 신설된 제국대학 문과대학 국사학과의 교수가 된 구메는, 제1장에서 언급한 바와 같이 메이지 24(1891)년 「신도는 하늘을 모시는 오랜 풍속」이라는 논문을 발표하였다. 신도는 아시아 일반적으로 행해진 오랜 습속에 불과하다고 서술한 것이다. 다구치 우키치(田口卯吉)의 도발적인 논문 소개를 계기로, 그의 논문은 당시 근대천황제 성립을 위한 이데올로기로 이용되었던 신도에 대한 비판이라고 받아들여져서, 신도(神道)나 국학(國學)측에서 맹렬한 공격이 나타났다. 결국 다음 해인 메이지 25년, 그는 직위해제, 그리고 '의원면직' 이 되었다. 이른바 구메 사건이다.

이 구메 사건은, 이후 구메의 종교 연구를 크게 규정하고 있다고 보인다. 그는 한편으로는 『야소기독진적고』(耶蘇基督眞蹟考)를 메이지 30(1897)년에 간행하고, 메이지 40년대에는 점차 기독교에 접근하였다고 한다. 그러나 다른 한편으로는 일본의 전통 회귀, 나아가 자연 복귀를 향한 지향을 강화하여, 다시금 신도나 종교의 가장 근원적인 것이 무엇인지를 묻고 있다. 그리하여 만년에 구메는 일찍이 행하였던 서구풍을 예찬하는 데에서 변하여 서양 문명의 한계를 지적함과 동시에, 서양 문명은 그 문명 때문에 자승자박에 빠진다고 그 모순을 지적하고 있는 것이다(『회고록』 상권 소수, 「文學博士 易堂先生小伝」에 상술).

Ⅶ. 『미구회람실기』와 『문명론지개략』

— 푸안신 사절단 및 나카에 조민과 관련하여

파리의 시장 풍경

1. 푸안신 사절단과 이와쿠라 사절단

청나라 최초의 견외 사절단

여기서 이와쿠라 사절단과 중국의 푸안신 사절단을 비교하여 그 차이를 언급해 두자.

청나라 최초의 견외 사절단이라고 할 수 있는 푸안신 사절단은 구미 12개국 회람을 위해 1868년 1월 파견되었다.

푸안신 사절단에 대해서는 약간의 설명이 필요할 것이다. 이 사절단은 청나라 해관의 총세무사, 영국인 하트(Sir Robert Hart, 1835~1911)의 제안에 의해 실행된 것이었다.

푸안신 즉 '전 미국 공사, 중국 변리중 외교섭사무대신 푸안신(浦安臣 欽憲)'은, 앤슨 버링게임(Anson Burlingame, 1820~1870)을 말한다. 그는 1820년 미국 뉴욕주에서 태어나 외교관이 되었고, 제10대 중국 주재 미국 공사가 되었다. 그 임무를 마치고 그는 사절단을 이끄는 청조의 흠차대신(특명전권대사)으로 변신하여, 지강(志剛)·순지이구(孫家穀) 두 흠차대신과 함께 이 사절단의 수뇌가 된다. 이 수뇌진에는 백탁안(伯卓安, 영국인, John McLeavy Brown)과 덕선(德善, 프랑스인 Emile de Champs)이 가담하고 있었다. 미국 · 영국 · 프랑스 · 중국인으로 구성된 5명의 수뇌진이었다.

통역에는 장덕이(張德彝) 외 5명의 통역 및 견습생이 있었으며, 수행에는 장춘령(庄椿齡) 이하 5명, 도종 · 종복 등은 7명, 여기에 푸안신의 부인과 딸이 포함되어 26명, 안내역 중국인 관리 빈춘(斌椿) 및 동문관 학생 등도 가담하여 30여 명이었다고 한다.

이 사절단이 방문하는 나라는 12개국(미국, 영국, 프랑스, 노르웨이, 스웨덴, 덴마크, 네덜란드, 프러시아, 러시아, 벨기에, 이탈리아, 스페인)으로, 기간은 2년 10개월에 이르렀다(1868년 1~11월).

이와쿠라 사절단과 방문국 수는 같았으나, 방문국에서는 약간 달라서 이와쿠라 사절단의 오스트리아, 스위스에 대신하여 노르웨이와 스페인이 들어 있다. 기간은 푸안신 사절단이 1년 정도 길다. 다만 푸안신은 러시아 방문 중인 1870년 2월 23일에 사망하였다.

사카모토 히데키(阪本英樹)의 『달을 이끄는 뱃사공—청나라 말 중국인의 미구회람』(성문당, 2002)은 이 푸안신 사절단을 분석한 것이며, 다음의 내용은 이 책에 의한다.

청 · 일 사절단의 차이

사카모토가 지적하는 이 사절단과 이와쿠라 사절단의 특징을 비교해 보자.

그 경우 비교의 전제로서 푸안신 사절단의 당시 중국과, 이와쿠라 사절단을 파견한 일본의 정황 차이를 일단 염두에 둘 필요가 있다.

하나는 이 시기의 청나라는 서양의 물질문명을 거부하는 관리가 많았고, 기계의 중요성에 대한 일반적인 인식도 높지 않았다. 또 하나는 서양의 물질문명에 스며든 '유형이학'을 탐구하려는 의욕 및 실학에 대한 태도 혹은 통찰력이 결여되어 있었다.

여기에 반하여 일본에서는 서양 문명의 수용에 적극적이었고, 그 배후에 있는 원리까지 연구하고 있었다. 사카모토는 이 책에서 "청나라 말 적어도 1860년대 말까지는 에도의 실학 혹은 막말 유신기의 실학에 상당하는 동향은 아직 나타나지 않았다"라고 이 점에 대해 말하고 있다. 그리고 푸안신 사절단의 특징과 의의를 다음과 같이 몇 가지 지적하여 설명하고 있다.

첫째는 미 · 영 · 프 · 중국인이 혼합된 수뇌진이어서, 주도권도 외국인이 가지고 있었다는 점이다. 이는 이와쿠라 사절단의 전권대사가 우대신(右大臣) 이와쿠라 도모미(岩倉具視)라는 메이지 실력자였고, 나아가 수뇌로는 기도(木戶), 오쿠보(大久保) 등 메이지 정부의 중요 인물이었음과 대조적이다. 또한 멤버에는 각 성에서 파견된 이사관이나 많은 테크노크라트가 있었다. 정식 멤버도 당초 46명, 그 외에 현지에서 가담한 사람이 1명 있었으므로, 푸안신 사절단과는 멤버 구성에서 큰 차이가 있다.

둘째로는 "푸안신 사절단 일행은 물질문명이나 풍속습관에 대해서는 강열한 관심을 갖고 있었지만, 사회제도나 정신문화에 대한 관심은 동시대 일본인에 비하여 매우 희박하였다." 그리고 이 사절단에는 "이와쿠라 사절단과 같은 넘치는 긴박감이나 고매한 사명감은 거의 없었다"라고 사카모토는 서술하고 있다.

이는 제3의 특징으로 "여행을 통하여 일찍이 중화를 중심으로 해 온 세계관이 무너지고 대신에 새로운 세계관이 청나라 말 지식인의 뇌리에 형성되었다고 말할 수 있다"라는 이 책의 지적과 관련된다. 한편 일본의 경우에는 이미 에도 중기 이래 많은 지식인 사이에서 서서히 새로운 구미 세계에 대한 지식이 축적되고 있었으며, 이와쿠라 사절단은 그러한 축적을 바탕으로 근대국가 창출이라는 의욕을 보여 주고 있었던 것이다.

넷째로 사카모토는 "근대 중국의 기점에 대해, 이 사절단에 관한 중국 측의 기록은 그 발본적인 수정을 요구하는 내용을 갖는다"라고 한다. 즉 아편전쟁을 계기로 하는 근대를 향한 중국의 변화에는 의문을 갖고 오히려 양무운동이 변혁을 통하여 재흥을 도모하는 자세를 세계에 보여 주었다고 하여, 그 관점에서 푸안신 사절단의 역할을 높이 평가하고, "아직 보지 못한 미지의 세계의 문을 열고, 돛을 올려서 소중한 첫걸음을 내딛었다"라고 자리매김하고 있다.

이상과 같은 중국 푸안신 사절단과 일본 이와쿠라 사절단을 비교한 다음에, 또한 『미구회람실기』와 후쿠자와 유키치(福澤諭吉)의 『문명론지개략』(文明論之槪略, 이하 『개략』이라고 약칭한다)을 대비하면서 그 차이를 검토해 보자. 거의 동 시기에 세계 견문을 서술한 이 두 서적을 대비함으로써 각각의 특징이 나타날 것이다.

2. 『미구회람실기』와 『문명론지개략』 —구메 구니타케와 후쿠자와 유키치

『실기』와 『개략』을 비교

『미구회람실기』에 대해 지금까지 검토해 온 것을 후쿠자와 유키치의 『문명론지개략』과 대비하면서, 필요에 따라서는 나카에 조민(中江兆民)과도 대비하고자 한다.

우선 구메 구니타케와 후쿠자와 유키치는 같은 세대이다. 구메는 1839년에 태어나 1931년에 죽었고, 후쿠자와는 1834년에 태어나 1901년에 죽었다. 도쿠도미 소호(德富蘇峰)가 말하는 '덴포(天保)의 노인' 세대이다. 나카에는 좀 늦은 1847년에 태어나 1901년 죽었다.

『실기』는 1878년 10월에, 『개략』은 1875년 8월에 간행 발매되었다. 『개략』의 집필은 1874년에 시작하여 다음해에 걸쳤다고 한다(松澤弘陽, 「해설」, 『문명론지개략』, 岩波文庫, 岩波書店, 1995).

구메는 후쿠자와의 『서양 사정』은 읽은 듯하지만, 『실기』를 집필할 때까지는 『개략』을 읽은 것 같지는 않다(山崎渾子, 「久米邦武와 田中不二麿의 종교시찰」, 『聖心여자대학논총』 73, 1989). 뒤에서 인용하는 나카에의 「논외교」(論外交)는 1882년 8월에 집필되었다. 다만 나카에의 귀국은 사절단과 같은 코스를 밟았으나 9개월 늦은 1874년 6월이었다.

공적 보고서인 『실기』

둘째로, 『실기』와 『개략』의 차이이다. 전자는 사절단이라는 정부 파견 외교단의 공적 보고서이며, 권소사(權少史)였던 구메가 편수한 것이다. 『구미방무문서』를 통해 구메 혼자서 집필하였음을 확인할 수 있다. 그러나 「태정관 기록괘(記錄掛) 간행」이라고 되어 있으며, 대사였던 이와쿠라 도모미(岩倉具視)가 제자(題字)하고 있음을 보면 형식적으로는 어디까지나 공적인 보고서이다.

그러므로 구메 자신도 「예언」(例言)에서, 각지의 실황을 보고할 때에는 동행하고 있었던 서기관 하다케 야마(당시는 松浦弘藏)와 뜻을 합하여 현지에서 기록한 메모를 기초로 집필하고, '제3 교정' 을 하였다고 한다. 이 '교정' 에는 이과 · 화학 · 물리학 · 통계서, 나아가 지리 · 역사 · 정법서 등, 또는 이사관의 보고서인 『이사공정』(理事工程)의 초록, 좌원 시찰단의 『시찰공정』(視察工程) 등에 의해, 논설을 가하여 "때로는 각인 각서의 말을, 내 말처럼 엮은 문장도 많다" 라고 한다. 즉 사절단 멤버의 공약수적인 의견의 집약을 의도하였던 것이다. 사실 『구미방무문서』의 초고라 생각되는 원고를 검토하면, 주어의 표기는 구메 개인이 아니라, 어떤 때에는 이와쿠라이기도 하고, 어떤 경우에는 사절단 일행임을 알 수 있게 배려하고 있다. 『실기』에는 한 군데에서 '余' 라는 말을 사용하고 있으며(四, 378), 이는 구메의 개인적인 체험을 서술하였을 때의 일이다.

그 외에 『실기』는 대체로 사절단의 견해로 표현하려고 노력하고 있는 것이다. '대체로' 라고 하는 것은, 편수와 집필을 모두 구메가 하였기 때문에 아무리 객관적으로 서술하려고 노력하여도, 구성이나 내용 그리고 표현에는 주관적인 견해가 스며들어 있음을 부정할 수 없기 때문이다. 물론 이는 집단 보고서의 일반적인 현상이며 『실기』에 한정된 일은 아니다. 따라서 이 보고서를 대사 이와쿠라 개인의 것으로 삼는 것도, 혹은 『실기』를 구메라는 한 사람의 지식인 사상으로 파악하는 것도, 반드시 옳은 일이라고는 하기 어렵다.

앞서 언급하였던 나카무라 고스케(中村洪介)의 『서양의 음, 일본의 귀』(제3장 2절 참조)는, 「태평악회」(太平樂會)에서의 사절단의 반응에 대한 『실기』의 서술에 관하여, "사절단 일행의 대체적인 마음은 이해할 수 있다" 라고 말하고, "『실기』의 기술은 구메를 포함한 사절단원들이 서양음악에 대한 최대공약수적인 지식, 감수성, 이해정도, 허용자세 등을 보여 주는 것이라고 생각해도 좋다. 잘못 이해하고 감동한 부분 역시 당시 일본 지식인들의 현실로서 인정할 필요가 있다" 라고 서술하고 있다.

주장을 담은 『개략』

여기에 비하여, 후쿠자와의 『개략』은 막부 말기에 3회(1860, 1862, 1867)에 걸친 미구(米歐) 체험을 기반으로 형성된 양학자로서의 후쿠자와 개인의 개성이 넘치는 주장을 담은 책이다. 거기에는 후쿠자와 독자적인 상대적 견해나 상관적 사고방법 하에 자주와 독립이라는 인민계몽의 사명감이 담겨 있다.

이는 "후쿠자와 사상에 대해 우리들에게 남겨진 유일한 체계적 원론"(丸山眞男, 『「문명지개략」을 읽고』 하, 岩波新書, 1986)이라고 평가된다.

물론 『실기』에도 사절단의 미구회람의 실정을 인민들에게 알려서, 이를 통해 정부의 권위를 높이고자 하는 목적이 당연히 있었다. 그렇기 때문에 정치 · 경제 · 산업에서 종교 · 사상 · 문화에 이르기까지 일종의 백과사전과 같은 계몽주의 시대 특유의 구성과 내용으로 되어 있는 것이다. 그러나 『개략』은 어디까지나 후쿠자와 개인의 저작이어서 『실기』와는 차이가 있다.

한학과 양학

셋째로, 『실기』와 『개략』은 이미 살펴본 바와 같이(제1장 2절 참조) 서양 문명의 문명 · 반개 · 야만이라는 발전단계설에 서 있다는 점에서는 공통적이지만, 그 이해의 경로에는 차이가 있다는 것이다. 구메는 한학자(훗날 역사학자)였으므로, 그의 미구 견문과 이해는 주로 서양에 관한 한역서(구메의 장서에는 위원〈魏源〉의 『해국

도지』〈海國圖志〉, 서계여〈徐繼畬〉의 『영환지략』〈瀛環志略〉을 비롯하여 당시 많은 새로운 정보를 주는 한역서가 있었다)를 통하여 얻은 지식에 의한 것이며, 여기에는 유교적 세계가 존재하고 있었다. 이에 반하여 『개략』은 후쿠자와라는 양학자를 통한 견문이며, 양학을 직접적으로 수용한 이해라고 할 수 있다. 이 차이는 서양 문명 이해의 발전 단계설을 공유하면서도 그 이해의 경로를 달리하는 데에 기인한다.

나카에 조민의 경우, 그는 양학자인 동시에 한학에도 조예가 깊었다. 그에게는 양학서의 한역본도 있다. 그러므로 한학과 양학 양쪽의 입장에서 고찰하고 비판하고 있다.

넷째로, 『실기』와 『개략』의 문장 표현의 차이를 들 수 있다. 『실기』는 구메의 한학 · 한자어의 능력을 최대한 발휘하고 있으며, 『개략』은 그렇지 않다. 양자 모두 초판본은 한자어 · 가타가나를 섞은 문어체이지만, 『실기』는 이후에도 계속 가타가나를 혼합한 한자어를 총동원하여 미사여구, 대구(對句)를 부단히 사용하여 격조 높은 문어체로 리듬감 있는 문장 표현을 하고 있어서 그만큼 난해하기도 하다.

『개략』은 『학문의 권장』(『學問のすすめ』, 岩波新書, 『학문의 권장』으로 도서출판 소화에서 출간)만큼은 아니지만 상당히 쉬운 문장으로 히라가나를 사용하였다. 후쿠자와는 저술에 임하여 가타가나와 히라가나를 의식적으로 나누어 사용하였다고 한다. 독자를 달리 상정하였던 것이다.

보급방법

보급의 측면에서 보면, 『실기』는 메이지 15(1882)년까지 4판이 나왔다. 그 4판에는 상제본과 보급판이 있으며, 정가는 각각 5엔과 3엔 50전이었다. 4판에서는 또한 할부 판매가 계획되어 있었다. 1~3판의 인쇄 부수는 각 500부, 1,000부, 1,000부였으며 4판의 인쇄부수는 알 수 없다. 1923년 1월 12일자 『동경매일신문』(東京每日新聞) 기사에 의하면 "7만~8만 부 이상 팔렸다"고 되어 있으니까 이는 하나의 단서가 될 것이다(高田誠二 씨가 가르쳐 주었다. 깊이 감사한다). 신문기사의 수치임을 감안한다고 해도 상당한 부수가 인쇄되었을 것이다. 전후에 미국인 연구자 마린 메이요에 의하면, 1958년 도쿄 간다(神田)의 고서점에서 2,500엔에 『실기』를 구입하였다고 한다(大久保利謙 편 『岩倉使節團의 연구』). 또 본 대학의 페터 판차는 1968년 스루가 다이시타(駿河台下)의 헌책방에서 구입하였을 때는 1만 5,000엔이라는 가격이 붙어 있었으나 1만 3,000엔으로 깎아 주기에 구입하였다고 한다(米歐回覽會 편, 『岩倉使節團의 재발견』). 이 이후 점차 희귀본이 되었다. 내가 입수하였을 때에는 상당히 고가였다고 기억한다.

한편 『개략』은 1875년 발간 이래, 활판인쇄본이 되어서 판을 거듭하였다. 간행 부수는 "수만 부에 달하였다"(『후쿠자와 유키치 전집』 제1권, 「후쿠자와 전집 서언」)고는 하나 『학문의 권장』만큼 팔리지는 않았다. 1931년에 이와나미문고(岩波文庫)로 출간된 다음부터는 많은 독자에게 친근감을 갖게 되었다. 전쟁 전과 전쟁 중에 제6판에 이르는 문고본 간행은 1만 수천 부에 달하였으며, 전후에도 더 많이 보급되었다고 지적된다. 이와나미문고본에 의한 일반화는 『실기』도 마찬가지이다. 다만 『실기』의 간행은 1977~1982년에 걸쳐서 5권이 간행되었으므로 『개략』이 문고본으로 간행된 것에 비하면 약 반세기가 늦어졌다. 『실기』의 간행은 국제화 · 세계화 등이 매스컴에 보도된 시기와 맥을 같이한다.

기본자세의 차이

다섯 째로는, 『실기』와 『개략』의 이해 기반의 차이를 확인해 두고자 한다. 『실기』는 서양 문명을 받아들이면서도 거기에는 아직 유교 세계가 있었다고 전술하였다. 그러므로 서양 문명을 기본적으로는 받아들이는 한편 유교 세계를 긍정하는 측면을 갖고 있었으며 이로 인한 반발이나 비판도 있었고, 전통적 관행과 서양 문명의 대비라는 형태로 기술되기도 하였다. 그러므로 유교 세계의 가치관에 의한 취사선택도 행해졌다.

『개략』의 배후에는 기조(F. P. G. Guizot)나 버클(H. T. Buckle)의 유럽 문명사가 있었으며, 18세기의 진보사상이 있었다. 문명 진보를 긍정하는 면에서는 양자가 공통점이 있다고 하겠지만, 『개략』은 아시아 중화문명과 그 정체성, 또한 거기에 포섭되어 있는 일본의 유교 도덕은 극복되어야 할 존재라고 파악한다. 후쿠자와는 "마치 한 몸으로 두 인생을 사는 것과 같고 한 사람이 두 몸이 있는 것과 같다"(『개략』, 「서언」)고 말하고 있듯이 변혁기에 변해 버린 상황 속에 몸을 두고는 있으나 그의 관점은 어디까지나 서양 세계이며, 그 과제는 봉건적 세계를 비판하고 어떻게 봉건제를 극복할 것인가 하는 점에 있었다.

'민'과 '관'의 문명론

여섯 째로는 다음을 들고 싶다.

후쿠자와는 1868년 스스로를 '독서를 하면서 세월을 보내는 소시민'이라고 칭하며 재야에 묻히고자 하였다. 이후 '관'에는 몸을 두지 않았으나 메이지 정부의 고관들과 친교가 있었으며, 순수하게 재야인의 입장이었는지는 의문이지만, 일단 『개략』은 '민'의 문명론이라고 말할 수 있다. 반면에 『실기』는 정부의 실력자를 포함한 사절단의 보고서이므로 일단 '관'의 문명론이라고 볼 수 있다. 메이지 계몽주의 시대에 이 '민'의 문명론과 '관'의 문명론은 어디에 공통점이 있으며, 어디에 차이가 있느냐 하는 점이다.

이 두 문명관의 틈새에서 메이지 문명개화는 중앙에서 지방으로 퍼져 나간 것이다.

'관'의 문명은 '위로부터의 권위'를 갖고 있었다. 그러나 이것이 지방에 전파되면 지방의 유지들을 통하여 각 마을로 퍼지고, 이윽고 이는 '아래로부터의 문명개화'가 되었다. 자유민권운동의 전개가 그것이다. 거기에는 정부와의 대결 자세가 나타난다. '관'의 문명론이 '민'의 문명론으로 바뀐 것이 민권운동이었다. 거기에는 연속과 비연속이 있다.

메이지 10년 전후의 『실기』와 『개략』이라는 두 문명론은, 그 의도를 넘어서 이후 일본 근대화 조류의 한 부분을 각기 담당하였던 것이다. 이를 좀더 구체적인 문제를 들어서 대비해 보자.

(1) 차별과 평등

남녀평등 혹은 미국의 호텔에서 본 레이디 퍼스트 등의 실정을 목격한 『실기』의 기술은, 남녀유별이라는 '구분' 이야말로 사회에서 가장 긴요한 일이라고 결론짓고 있다. 여기에 대해서 『개략』은, "하늘은 사람 위에 사람을 만들지 않았고, 사람 밑에 사람을 만들지 않았다고 한다"(『학문에의 권유』 초판)라는 유명한 말처럼, "남자든 여자든 동등하게 천지간의 한 인간으로서 경중의 차이가 있을 턱이 없다"(「中津留別의 書」 메이지 3년, 『후쿠자와 유키치 전집』 제10권, 岩波書店, 2003)라는 남녀평등사상에 서 있었다. 이는 후쿠자와 사상의 근간인 "한 사람이 독립하여 한 나라가 독립한다"라는 주장의 기반이며, 『개략』도 이를 전제로 한다. 그리고 이 책에서는 남녀간의 '구분' 이라는 구별이 아니라 '지덕' 의 유무야말로 키워드가 되고 있다.

그러므로 이 연장선상에 있는 1886년의 「남녀교제론」에서는 다음과 같이 말한다.

> 남녀가 이처럼 서로 친근하게 교제할 때에는 서로의 정감이 스스로 통하고, 알지 못하는 사이에 여자는 남자에게 배우고 남자는

> 여자에게 배워서, 유형의 식견을 높이고 무형의 덕의를 진전시키게 되어서, 가정을 이끌거나 처세에 임하는 수많은 일에서 예기하지 않은 큰 이익을 얻게 됨은 의심할 바가 없다(『저작집』 제10권).

마루야마 마사오(丸山眞男)는, "후쿠자와는 후년에 보수화되고 있지만, '부인 예속의 타파' 라는 점에서는 유신 직후부터 평생 변하지 않았다. 남존여비와 일부다처에 대한 비판은 후쿠자와의 사회 비판 중에서 가장 일관된 점이다"(『「문명론지개략」을 읽고』 岩波新書, 1986)라고 서술하고 있다.

(2) 아시아관에 대해서

이와쿠라 사절단은,1873년 7월 우편선 '아우아' 호로 마르세유를 떠나서 수에즈운하, 아덴, 골(실론섬), 싱가포르, 사이공(베트남), 홍콩, 상하이를 거쳐서 나가사키, 고베, 그리고 9월13일 요코하마항에 도착하여 귀국, 복명하였다.

그때 통과하였던 수에즈운하는 1869년 개통되어 얼마 되지 않았고, 그 건설자인 레셉스에 대한 『실기』의 평가는 앞에서 언급한 바이다. 실론 섬 이후 보이는 남아시아, 동남아시아의 경치는 산은 푸르고 물은 맑으며 토지는 비옥하여 식물이 번성하고 꽃도 만개하여 공기가 맑았다. 그 이전까지 적토뿐이었던 들판의 풍경과는 달랐다. "참으로 극락토이다"(五, 312)라고 『실기』가 표현하였음은 이미 서술하였다(제5장 2절).

그러나 이 '극락토'는 유럽의 식민지로 변하고 있었다. 이 식민지를 지배하는 나라 사람들의 횡포는 도를 넘고 있었다. 수마트라섬 북단 아체에 대한 네덜란드인의 태도를 『실기』는 서술하고 있다(五, 305~306). 스페인, 포르투갈, 그리고 네덜란드는 "원주민을 대하기를 폭력적이고 오만하며 참혹하게 대한다"라고 한다. 여기에 대해 영국은 "달래고 유연하고 멀리 내다보는" 친근한 정책을 취하고 있었기 때문에, "오늘날 성대하게 되었다"라고 한다(五, 307).

이러한 상황이나 일행이 귀국선상에서 본 식민지로 떠나는 사람들의 거동이 오만함을 보고 『실기』는 이들이 본국인 문명국의 사람들과는 다르다고 보고 있다. 그들을 문명국에서 '떨어져 나온 사람'이라고 하였다. 그들이 자신의 문명을 코에 걸고서 이러한 거동을 하는 것은, 그들 자신이 설령 '일신동인'(一視同仁)을 주장한다고 해도 말뿐이라는 것이다. 거기에서 일본은 아직 외교 경험이 적으므로 이러한 사람들을 통해 '본국의 문명'을 살펴보려고 할지도 모르지만, 그것은 조심하지 않으면 안 된다(五, 308)라고, 결론을 내린다. 이를 보면 『실기』가 문명에 대해 전면적인 긍정을 하고 있음을 알 수 있다.

이 서양 문명에 대한 의식이 허위 의식임을 나카에 조민은 멋지게 간파하였다. 조민은 이와쿠라 사절단에 동행한 유학생이었으나, 귀국은 9개월이나 늦게 하였다. 후에 그는 이것을 「논외교」에 쓰고 있다.

나카에 조민의 문명관

조민도 같은 풍경을 보았으나, 그는 그러한 현상을 문명의 또 하나의 얼굴이라고 보았다. 본국과 식민지로 향하는 사람들을 구분하여 파악하지 않는다. 스스로 '개화'를 코에 걸고 다른 나라 사람들을 경멸하는 것은 "어찌 참된 개화의 백성이라고 칭할 수 있으랴"라고 한다.

조민은 다른 논고에서, 이와쿠라 사절단에 대해 "사절단은 선진국의 문명을 보고 처음에는 놀랐고, 다음에는 취했고 결국은 미쳤다"(「유행론」, 『東雲新聞』 제180~181호, 메이지 21년 8월)라고 논하였다.

그가 원로원 소서기관을 그만둔 것은 메이지 10(1877)년이었다. 그 무렵에 조민은 이미 메이지 정부와는 사이가 벌어졌다. 『동양자유신문』을 창간하여 주필이 되고, 자유당 기관지 『자유신문』의 사설을 쓰고, 메이지 20년에는 『삼취인경륜문답』(三醉人經綸問答)을 출판하여 정부를 비판하는 입장에 서 있었다. 그가 이와쿠라 사절단을 혹평하는 것도 이와 관련이 있을 것이다.

나카에 조민의 문명 이해는 『실기』(『개략』도 마찬가지이다) 보다 예리하고 깊이가 있었다. 그것은 문명을 한편으로는 긍정하면서도 또한 다른 한편으로는 비판하는 복수의 시각을 갖고 있었기 때문이다.

『나카에 조민 평전』(中江兆民評傳, 岩波書店, 1993)의 저자 마쓰나가 쇼조(松永昌三)는 다음과 같이 말한다.

조민은 인간 동등권의 확신을 갖고, 유럽 여러 나라의 문명이라는 이름으로 행해지는 아시아 침략을 격렬하게 비난하였다. 여기에는 유럽 근대문명의 이념으로 그 문명의 현실을 비판하는 시점이 있으며, 그 근저에는 엄연한 아시아인의 눈이 있었다. 동양의 젊은 이학자(理學者)로서 조민은 유럽적 자유의 한계를 극복하는 것과 아시아 인민의 자유 회복을 동시적인 과제로 절실하게 의식하고 있었음이 틀림없다. 그리하여 조민의 귀국 여행은 '동양의 루소'로서의 출발점이기도 하였던 것이다(『나카에 조민집』〈中江兆民集〉 해설 「근대일본사상대계 3」 筑摩書房, 1974).

『실기』의 아시아관

이 지적은 『실기』의 아시아관과 관련된다. 『실기』의 문명관은, 문명이란 영업력(二, 22) 내지는 '생리에 권면하는 힘'(五, 275)을 기초로 축적된 노력의 총체라고 한다. 그러므로 열대지방은 의·식·주가 부족하지 않으므로 백성들이 번식하는 것도 초목 일반과 마찬가지(五, 274)라고 한다. 이를 『실기』는 "옛말에 옥토의 백성들은 게으르다고 하였다"(五, 274)라고 요약 표현하고 있다. 이를 문명·반개·야만이라는 발전 단계설에 대입하여 반개인 동아시아(일본)는 문명의 가능성을 갖고 있지만 열대 지방(남아시아, 동남아시아)은 '옥토'이므로 의식이 충분하고 노력도 하지 않으므로, 거기서 문명은 생겨날 수 없어서 야만이 되었다는 이해를 보인다.

게다가 『실기』는 즉 지금의 일본인은 서양인에 의해 계도되어서 앞 다투어 구미로 향하고 있으며, 이는 마치 인도 남양이 눈에서 멀어지는 것(五, 301)이라고 말하고 있다. 이것을 후쿠자와는 1885년의 「탈아론」(『時事新報』 3월 16일)에서 '탈아'(脫亞)라고 표현하였다.

'탈아입구'와 후쿠자와

이 탈아론에 대해서는 후쿠자와의 평가와 관련한 문제로 연구자들이 발언하고 있다. 예를 들면 탈아론의 기초자는 다른 사람이며 후쿠자와가 이를 입수하였을 뿐이라는 이다 신야(井田進也)는, "젊은 기자가 혈기로 쓴 논설을 받아들여서 반세기 이상이나 내외의 비판을 받아 온 사람이" 후쿠자와라고 단언하고 있다(이다 신야, 『역사와 텍스트 西鶴에서 諭吉까지』 光芒社, 2001).

여기서 말하는 '입구'(入歐)라는 말은, 『실기』에서는 그대로 사용하고 있지는 않으나, 같은 의미에서 앞서 인용한 "오늘날 일본인들은, … 앞 다투어 서구로 간다"라는 표현이며(五, 301), 거기에서 '탈아' 현상이 나타나고 있음을 "눈에서 멀어지는 것이다"라고 표현하였다.

그리고 이 '탈아입구'(脫亞入歐)의 현실을 어떻게 극복할 것인가에 『실기』의 역점이 두어져 있다.

『실기』는 "시험 삼아 우리나라에 수입되는 외래품을 보라"라고 한다. 이러한 외래품의 원재료는 구미에서가 아니라 중간에서 많은 이익을 남기면서 산출되지 않는가. "천연자원의 풍부함은 오히려 인근(가까운) 나라에 있다"라고 한다. 그러므로 이러한 상황을 명시한 '지리물산'을 기록한 책이 나오면, "일본이 부강의 열매를 맺을 수 있다"라고 한다(五, 301).

탈아입구를 극복하기 위해 남방 아시아의 자원에 주목해야 한다는 지적이다. 이는 장래 일본의 무역을 중시한 『실기』의 관점으로 본 제안이었다. 동남아시아와 남아시아의 열대 지방에 자원이 풍부함을 지적하고 있는 것이다.

메이지 정부의 정책

그러나 현실적으로 메이지 정부는 로쿠메이칸(鹿鳴館) 시대를 출현시킨 것처럼, 서구화 일변도의 정책을 취하였다. 『실기』가 말한 이러한 탈아 극복책은 무시되었다.

한편 후쿠자와의 탈아론이 의도하는 바는, 일본이 서양 문명국과 같이 '개화'를 목표로 하여 개화하려고 하지 않는 조선이나 중국 같은 악우(惡友)를 떠나자는 것이었다. 이는 "서양의 풍속을 따라서 아시아 동방에 새로운 서양 나라를 세우는 대영단이 아니면 결코 이 목적을 달성할 수 없다"(「외교론」 메이지 16년, 『전집』 제9권)는 것이기도 하였다.

그러므로 『실기』가 제시한 탈아 극복책과는 명백히 차원을 달리하고 있었다. 더 말하자면 자원주목론〔資源着目論〕은 훗날 불행하게도 '대동아공영권' 속에서 모습을 바꾸어 나타난다고 말할 수 있겠다.

3. 진보와 지의 창조

『개략』과 『실기』의 문명관

『문명론의 개략』이나 『미구회람실기』 모두 문명 발전설에 입각하여 '진보' 라는 유럽 18세기 계몽사상을 염두에 두고 있었음은 이미 지적하였다.

다만 후쿠자와의 발상은 어디까지나 상대적이었고, 항상 사물을 상관관계 속에서 바라보고자 하였다. 그러므로 『개략』은 그 제 1장에서 '논의의 본위를 정할 것' 을 설정하여, "이것저것 다 상대해서는 경중선악을 논할 수 없게 된다" 라고 말하여 "이처럼 중요한 것을 정하고 선한 것을 정함을 논의본위(論議本位)라고 말한다" 고 하였다. 그리하여 "문명이란 결국, 사람의 지덕(智德)의 진보라 말할 수 있다" 라고 정의를 내리고 있다.

여기에 대해 『실기』는 약간 다르다. 앞서 살펴본 바와 같이, "선지자가 이를 후지자에게 전하고, 선각자가 후각자를 가르쳐서 점차 앞으로 나아간다. 이를 일컬어 진보라고 한다" 라고 상정하고, "진보란 옛것을 버리고 새로움을 도모하는 것이 아니다" 라고 말한다. "나라가 성립하는 것은 스스로 습관이 있으며, 그 습관에 의해 그 아름다움을 닦아 낸다" 라고도 하였다. '진보' 에는 '습관' 이라는 전통적 요소가 포함되어 있다. "지식의 개명은 스스로가 그 원천이다" 라는 말이 이와 관련된다(二, 114). 이는 후쿠자와의 상대적 발상과는 다른, 말하자면 역사적 파악 방법이라 할 수 있다.

『개략』은 물리적 폭력으로서의 '무'(武)에 대해서, 완력과 지력의 상관관계를 '야만'과 '문명'으로 파악한다. 『실기』도 역시 "병(兵)은 흉포하다"라고 하였지만, '야만의 무'와 '문명의 무'는 일견 비슷하지만 그 뜻이 서로 다르다고 한다. 즉 전자는 '자기 나라에서 서로 싸움인 것'에 비하여, 후자는 '외적을 방어'하기 위한 것이라고 한다(二, 97~98). 이는 수단 · 목적 내지는 시대적 차이를 지적한 것이며, 『개략』처럼 지력과 완력의 상관관계에서 파악한 것은 아니다.

『실기』는 유럽과 아시아의 차이를 비교하면서 파악하고 있으며, 그 차이의 근간에 대해 다음과 같이 서술한다.

욕망을 둘러싼 동서 비교

유럽 인종은 "정욕이 강하며 종교에 열중하고 스스로 제어하는 힘이 부족하니, 말하자면 욕심이 많은 인종이다"라고 하고, 여기에 비해 아시아 인종은 "정욕이 약하고 성정을 제어하는 힘이 강하니, 말하자면 욕심이 적은 인종이다"라고 대조적으로 표현한다. 이것이 동서양의 "정치가 다른" 이유와 연결된다. 서양이 '보호의 정치'임에 반하여 동양은 '도덕정치'라는 것이다. "욕심이 많은" 서양인은 스스로 욕망을 달성하여 '쾌락 생활을 영위하기 위한 일념'으로 '자주권'을 주장함에 비하여, "욕심이 적은" 동양인은 "자주독립의 기상이 스스로 모자란다"라고 한다(五, 149). 그런데

이 대비에는 굴절이 있다.

예를 들어 동양에서는 남자가 술에 취하는 것을 "호탕하다" 고 하고, 부인이 담배를 피우는 것을 '미열(媚悅)-교태' 라고 한다. 아시아에서는 "음욕을 풍류라고" 하며, 유럽에서는 기본적으로 "추접스럽고 더럽다" 라고 하여 업신여기는 바라고 말한다(二, 171).

동양에서 욕망을 해소하는 것은 앞에서 설명한 크고 작은 욕망을 둘러싼 동서양의 차이와는 반대인 것처럼 보이지만, 여기서 동양의 욕망은, '유쾌한 생활' 을 추구하는 백인종의 '욕심이 많음' 과는 질적으로 다른 것으로, 오히려 동양의 '고루한 습속' 이라고 보고 있는 것이다. 이 습속이 동양 사람들을 게으르게 만들고, 생활을 방해하여 '자주의 힘' 을 방해하는 것이 심하다고 한다. 이는 반드시 경계하지 않으면 안 된다고 『실기』는 말하고 있다.

이처럼 욕망을 인식하는 것이나 이로부터 나오는 '자주의 힘' 의 강약이, 동양에서는 '도덕정치' 로, 서양에서는 '보호정치' 로 연결된다는 것이다.

다만 이 비교론이 동서를 인종의 구별이라는 인종론으로 구별하고 있는 것은 아니라는 점도 언급해 두지 않으면 안 된다(田中彰, 『岩倉使節團의 歷史的硏究』 제6장에서 상술).

사회가 갖는 성격의 차이

여기서 또 한 가지, "유럽인의 성품에는 단결의 기풍을 공유한다. 이는 동양인에게는 없는 바이다" 라고(五, 158)한다. 서양의 사회는 이해관계로 맺어져 있어서 동양 사회와는 다르다는 것이다.

바꾸어 말하면, 유럽 사회는 사회학에서 말하는 게젤샤프트(이익사회)이며, 아시아는 게마인샤프트(공동사회)의 성격을 갖는다고 보고 있다. 그러므로 유럽은 자주 · 독립이라고 하면 생명이나 재산의 '보호'가 기본이 된다. 유럽에서는 정치의 핵심으로 '정의'와 '사회'가 강조되고 있으며, 이는 마치 아시아가 '의'와 '인'을 강조하는 것과 비슷하게 들리지만 그렇지는 않다. 왜냐하면 아시아의 '인의'는 '도덕상의 말'이며, 유럽인들이 생각하는 생명 · 재산을 보호하는 말에서 나온 '저스티스'(justice)나 '소사이어티'(society)와는 다르다는 것이다(五, 160).

이와쿠라 사절단 멤버가 보고 또 받아들인 유럽과 아시아는 그 사회 체질에서 큰 차이가 있었다.

동서 발상의 차이

이처럼 동서양 간의 사회 체질이 다르다면, 동서양의 발상도 역시 다르다. 서양이 합리적이고 체계적이라면, 동양은 그렇지 않다.

> 유럽의 실제를 자세히 살펴보니, 동양인은 하늘을 믿고 농공의 업은 이를 실행하는 것뿐이다. 서양인은 최선을 다하며 농공의 업은 이론에 의지하여 기술이나 기계를 믿는다(五, 220).

위에서 말하는 바를 달리 표현하면, "서양인은 유형의 이학을 중시하고, 동양인은 무형의 이학을 중시한다"(一, 82)라고도 할 수 있다. 결국 '서양의 이론 유형의 이학 기술·기계'와 '동양의 실행 무형의 이학 하늘'이 대비된다는 것이다. 서양인은 실현하고자 하는 수단·방법을 여러 가지로 궁리하여 노력하고, 결과로서 이익과 번영을 산출하는 데에 비하여, 동양인은 눈앞의 이익만을 바라보고 원리적인 것이나 규범 혹은 방법에는 약하여 결국 운에 맡기는 것과 같다는 것이다(一, 82~83). 그러므로 유럽에서는 잘 연구하고 각고를 거듭하여 서로 화합하여 '인사를 다하여 하늘을 이기는 길'을 추구한다. 이 연구 노력이 '학술의 진보'를 가져왔으며, '기계의 발명'에 연결되고, '무역이 창성(昌盛)'하게 되어서, 그 누적된 결과로 '오늘날의 번영'이 생겨나게 되었다는 것이다(五, 222).

『실기』의 일본인관

그렇다면 일본인은 어떠한가.

> 유럽인은 일본인을 접할 때마다 그 영리함을 칭찬하고 그 민첩함에 놀란다. 일본인은 조악한 기계로 유럽의 기술을 배운다. 유럽인이 이를 보고 모방 정신이 뛰어나다고 찬탄하는 것은 종종 있는 일이다(五, 220).

일본인의 현명함이나 재주가 많음, 열악한 수단에도 불구하고 유럽의 기술력을 배우고자 하는 열의에 서양인들이 놀라고 있다고 하며, 그 뛰어난 '모방 정신'이야말로 일본인의 특질이라고 경탄하고 있다는 것이다.

또 하나 다음과 같은 구절도 있다. 일본에서는 예부터 발명이 부족하다. 그러나 "남의 지식을 잘 받아들이는" 능력을 갖고 있다. 건축, 야철, 도자기, 봉직 등은 모두 이를 조선이나 중국에서 받아들여서 지금은 이들을 넘어선다고 한다. 지금은 동양에 오랜 역사를 갖는 나라가 많다고 해도, 그 개화의 정도가 홀로 발전하는 것은 우리나라뿐이라고 한다.

이해하기 쉽게 바꾸어 말하자면, 일본은 예부터 발명은 잘 못하였지만, 선진국인 조선이나 중국에서 건축과 그 밖의 것들을 배워 그들 나라보다 더 뛰어난 기술을 갖게 되었다. 여기에 일본의 전통과 독자적인 창조성이 있다. 이는 이윽고 다른 여러 분야에서도 나타날 것임에 틀림없다, 는 것이다.

이미 지적한 바이지만 이는 다음과 같은 글에도 나타난다.

> 동양이 서양에 미치지 못하는 바는 재주가 없어서가 아니요, 지식이 아둔해서도 아니요, 다만 생활의 방법에 대비가 깊지 못하고, 고상한 공리에만 날을 보냈기 때문이다. 무엇으로 이를 증명할 것인가. 동양인이 그 손기술에 의해 제작된 산물은 고상한 풍운이 있으며, 경탄할 만하고, 서양에도 진귀하여 그 재주가 뛰어나다. 응대는 기민하고 그 생각은 활발하며 모방 정신이 뛰어나니, 그 지식이 민첩한 것이다(二, 253~254).

앞서 말한 '진보'에 대한 『실기』의 규정과 여기서 보이는 일본의 특질을 합해 생각해 보면 '뛰어난 모방의 정신'과 "타인의 지식을 잘 받아들이는" 섭취력이야말로 일본인의 '지식의 개명'의 원천이라는 것이 된다. 여기에 재능이 뛰어난 일본인의 오리지널리티가 있다는 것이다. 즉 모방과 섭취가 가능하다는 그 자체에 오리지널리티를 보이는 일본인의 아이덴티티가 있다고 할 수 있다.

모방이란 흉내 내기에 불과하다는 것이 일반적인 견해이다. 그러나 제아미(世阿彌)의 『풍자화전』(風姿花傳)에 보이듯이, 흉내를 잘 내는 데에 능력의 기본이 있다. 이는 일본의 전통적 수법이라고 말할 수 있다. 그렇다면 '뛰어난 모방의 정신'에 의한 섭취력 속에는 창조가 있다는 발상에 주목할 필요가 있다.

『실기』 가운데 이러한 자기발견은 20세기 태평양 전쟁에서 패배한 이후에도 계속되어 일본은 기술 선진국이 되었다. 21세기인 현재 이 발상을 어떻게 뛰어넘어서 새로운 창조를 어떻게 만들어 낼 것인가가 문제가 된다. 『실기』는 그러한 일본의 도발을 기대하고 있는 것이다.

원점으로서의 『실기』

다시금 되돌아보면, 이와쿠라 사절단의 보고서 『미구회람실기』에는 당시 일본의 전통적 세계관에 입각한 유럽 문명의 이해와 비판, 그리고 수용이 서술되어 있다. 여기서의 고찰은에 이르는 정치나 경제에서 사회 · 종교 · 사상 · 문화에 이르는 모든 분야에 미친다. 거기에는 아시아 문명관에 입각한 자기주장이 있으며, 자숙과 자기비판도 있다. 유럽 문명을 어떻게 이해하고 비판하며 어떻게 취사선택할 것인가 하는 안목도 있다. 근대 일본 이후의 역사를 보면, 여기서 무엇을 받아들이고 무엇을 버려야만 했는지, 떠오르는 문제점도 많다.

그런 의미에서 이와쿠라 사절단의 보고서인 『실기』라는 원점에 돌아가서 21세기 일본의 존재를 다시금 읽고 취사선택의 엄격한 시선으로 재조명하는 것은, 지금이야말로 필요한 것이 아닐까.

후기

내가 이와쿠라 사절단(『米歐回覽實記』)에 관하여 쓴 최초의 저작은, 『이와쿠라 사절단—메이지 유신 속의 미구』(『岩倉使節團 明治維新 のなかの 米歐』, 講談社現代新書, 講談社, 1977)이었다. 이는 전해에 간행된 오쿠보 리켄(大久保利謙) 편 『이와쿠라 사절연구』(『岩倉使節の硏究』, 宗高書房, 1976)에 이은 간행이며, 이와쿠라 사절단이라는 호칭을 사용한 첫 단행본이었다. 그 덕분인지 오랜 생명력을 갖고 있다. 이 책은 이와나미서점이 '동시대 라이브러리'의 한 책으로 『이와쿠라 사절단 『미구회람실기』』(1994)라고 제목을 바꾸어 간행되었다. 뒤이어 2002년에 이와나미현대문고로 장정을 바꾸어 출간되어 오늘에 이르고 있다.

이 책의 집필과 동시에, 이와쿠라 사절단의 보고서 『미구회람실기』가 이와나미문고 5권으로 간행되어 판을 거듭하고 있음은 머리말에서 언급하였다.

이 『실기』 이와나미문고판은 당시 일본의 국제화의 조류에 부응하여 주목받았다. 『실기』의 각 나라에 관한 혹은 모든 분야에 관한 일종의 백과사전과 같은 구성과 격조 높은 서술이 많은 관심을 끌어서 일반에게 보급되는 계기가 되었던 것이다.

이후 나는 이와쿠라 사절단 내지는 『실기』를 둘러싸고 더욱 분석하여 논고를 쌓아 올렸다. 이를 바탕으로 정리한 것이 『이와쿠라 사절단의 역사적 연구』(『岩倉使節團の歷史的硏究』, 岩波書店, 2002). 이와나미문고 간행 이래 항상 격려해 준 이와나미 편집부에 마음속 깊은 감사를 표한다.

그런데 위의 연구서 정리가 끝나면 바로 새 책의 집필에 착수한다는 약속을 하였으나, 이런 저런 사정으로 실현하지 못하였다. 그 사이에 담당 편집자가 바뀌었고, 새 편집자는 '나의 미구회람실기 초록' 이라는 제목의 『홋카이도신문』 연재 칼럼을 읽고 구체적인 계획을 세워 주었다. 이 계획을 간직하면서도 오랜 세월을 보내고 말았고, 그 사이에 다시금 담당자가 바뀌어 드디어 이 책이 간행되었다.

지금까지 나의 사절단 내지는 『회람실기』의 연구는 정치사 혹은 정치사상사에 시점이 두어졌으므로 이 책의 제목에 어울리는 접근은 용이하지는 않았다.

제1장에서 언급하였듯이, 『회람실기』는 오랜 세월 사람들에게 잊혀져 있었다. 그러나 나는 『실기』가 일본 근대국가 선택의 갈림길의 원점이라고 할 수 있는 내용을 내포하고 있는 귀중한 책이라

고 보았다.

그 갈림길의 하나가 대국으로의 길(大國主義: 아시아에서 프러시아와 같은 길)을 메이지 정부는 선택하였다. 여기에 대하여 소국으로의 길(小國主義)에 눈을 돌려 보면, 『실기』 100권 구성 중에서 프러시아 10권에 필적하는 비중을 갖고 있다. 그리고 그 서술에 더욱 열의가 느껴지는 것이다.

그러나 이 소국을 선택하는 갈림길은, 『실기』를 원점으로 하는 자유민권운동(植木枝盛 · 中江兆民 등)의 소국주의, 나아가 다이쇼(大正) 데모크라 시기의 '소일본주의'(三浦鐵太郎 · 石橋湛山 등)로 연결된다. 이 소국주의의 역사적 복류는 1945년 패전 후 민간 헌법연구회의 헌법초안(헌법초안요강)으로 지표에 분출하여, 결과적으로 일본국 헌법으로 결실을 맺었다. 이러한 역사적 사실을 포함하여, 졸저 『소국주의』(『小國主義』, 岩波新書)가 간행되었다.

이 소국주의라는 선택을 포함한 『실기』를 보다 넓은 관점에서 파악하려고 도전한 것이 이 책이다. 이제 겨우 집필을 끝냈으나, 언급해야 할 곳을 언급하지 못한 부분이 많이 남았다.

되돌아보면 거의 30년 전, 미국에 건너갈 기회를 얻을 수 있었다. 하버드 대학 명예교수 알버트 M. 크레이그 부부에게 이 자리를 빌려 감사를 표하고 싶다. 또 이와쿠라 사절단 내지 『회람실기』에 관한 최초의 저서(講談社現代新書)에 진력해 준 당시 편집부와 이 책에 실린 동판 그림에 많은 도움을 주신 도쿄의 구메 미술관에 이 자리를 빌려 마음으로부터 감사를 올린다.

『회람실기』에 달려든 지도 어느덧 30년이 된다. 너무나도 늦은 걸음걸이이며 성과도 미흡하지만, 이 책이 비판을 포함하여 다소간 독자의 마음에 남는 부분이 있기를 바라마지 않는다.

끝으로 이 책의 간행에 수고해 주신 많은 관계자 분들에게 감사의 뜻을 표하면서 후기를 마치고자 한다.

2003년 8월 15일

다나카 아키라(田中彰)

부록 1. 이와쿠라(岩倉) 사절단 구미회람 연표

* 메이지 6년까지는 음력 날짜이며, ( ) 속에 양력을 표시.

국명	연월일	발착지	이와쿠라사절단 회람관계	일본 국내 관계
일본	메이지 4년 11.10 11.12	요코하마 착 요코하마 발	· (양력 1871. 12. 23)	· 11. 13~22 전국의 현을 개폐(1사 3부 72현)
미국	12. 6 12. 22	샌프란시스코 착 샌프란시스코 발	· (양력 1872. 1. 15) · 새크라멘토에서 로키를 넘어 대륙횡단, 도중에 대설로 인해 예정을 변경하여 솔트레이크로(12. 16~다음해1. 14). · 오마하, 시카고 경유	
	메이지 5년 1. 21	워싱턴 착	· (양력 1872. 2. 29) · 그랜트 대통령을 알현(1. 25) · 조약개정교섭 개시(2. 3) · 오쿠보 도시미치 등 위임장교부 문제로 일본으로 향함(2. 12~13, 일본 도착은 3. 24)	· 2. 15 토지영대매매 조치 해금 · 2. 28 병부성을 없애고 육군성 · 해군성의 두 성을 둠
	5. 4	워싱턴 발	· 북부 순람. 뉴욕, 나이아가라, 보스턴, 뉴욕 경유	
	5. 17	워싱턴 착	· 이날 오쿠보 등은 일	· 5. 23~7. 12 천황이

			본을 떠남(워싱턴 착 6.17) · 조약개정교섭 포기(6.17)	긴키 · 주고쿠 · 규슈 지역 순행
	6.22	워싱턴 발	· 필라델피아, 뉴욕 경유	
	6.28 7. 3	보스턴 착 보스턴 발	· 리버풀 경유	· 7. 1 마리아루스호 사건 조사를 명령
영국	7.14 8.27	런던 착 런던 발	· (양력 8.17) · 리버풀, 맨체스터, 글래스고, 에딘버러, 하일랜드지방, 뉴캐슬, 셰필드, 버밍엄 등지를 순람.	· 7.4 임신지권 교부 · 8.3 학제반포 · 9. 12 신바시 · 요코하마간 철도 개통식 · 9.14 류큐번(琉球藩) 설치
	10. 9	런던 착	· 빅토리아 여왕 알현(11.5)	· 10.2 예창기 해방령
	11.16	런던 발	· 도버해협을 넘어 카레로	· 11.15 국립은행조례 공포
프랑스	11.16	파리 착	· (양력 12.16) · 티에르 대통령 알현(11.26)	· 11.28 징병조칙
	메이지6년 1월1일		· 개력(음력 메이지 5년 12.3을 메이지 6년 1.1로 함)	· 1.10 징병령 제정
	2.17	파리 발		
벨기에	2.17	브뤼셀 착	· 국왕 레오폴드 2세 알현(2.18)	
	2.24	브뤼셀 발	· 로테르담 경유	· 2.24 기독교 해금
네덜란드	2.24	헤이그 착	· 국왕 빌럼 3세 알현(2.25) · 로테르담, 암스테르담 등 순람	· 2.25 빈 만국박람회를 위해 사노(佐野常民) 등 출발
	3. 7	헤이그 발	· 에센 경유	

독일	3. 9	베를린 착	· 황제 빌헬름 1세 알현(3. 11) · 비스마르크의 만찬 초대받음(3. 15) · 포츠담으로(3. 27) · 오쿠보 귀국 출발(3. 28, 마르세유 경유, 요코하마에는 5. 26 착)	3. 20 천황 단발함
	3. 28	베를린 발	· 프스코프 경유	
러시아	3. 30	상트페테르부르크 착	· 황제 알렉산더 2세 알현(4. 3)	
	4. 14	상트페테르부르크 발	· 기도 다카요시, 귀국의 길(4. 16, 베를린 · 빈 · 로마 · 제네바 · 마르세유 경유, 요코하마에는 7. 23 착)	
덴마크	4. 18	코펜하겐 착	· 함부르크, 킬 경유 · 국왕 크리스티안 9세 알현(4. 19)	
	4. 23	코펜하겐 발	· 말뫼 경유	
스웨덴	4. 24	스톡홀름 착	· 국왕 오스카르 2세 알현(4. 25)	
	4. 29	스톡홀름 발	· 말뫼, 코펜하겐, 뤼베크 경유	
독일	5. 1	함부르크 착	· 북부 게르만지역 순람. 하노버, 프랑크푸르트, 뮌헨 등	· 5. 2 태정관제 개정, 정원에 권력 집중
	5. 7	뮌헨 발	· 인스브루크, 베로나 경유	· 5. 7 대장대보 이노우에 가오루, 재정개혁 의견 충돌로 사임.
이탈리아	5. 9	피렌체 착		
	5. 10	피렌체 발		
	5. 11	로마 착	· 황제 에마누엘레 2세	

			알현(5.13)	
	5.26	로마 발	· 나폴리(5.20~23)	· 5.26 호조(北條)현에 서 민란, 세금저항 민 란이 연이어 발생함
	5.27	베네치아 착	· 피렌체 경유	
	6. 2	베네치아 발		
오스트리아	6. 3	빈 착	· 황제 프란츠 요제프 1세 알현(6.8) · 만국박람회 견학	· 6.9 처음으로 예산서 공포 · 6.13 개정법률 반포
	6.18	빈 발	· 잘츠부르크, 뮌헨 경유	· 6.16 후쿠오카(福岡)현에서 민란
스위스	6.19	취리히 착		
	6.20	취리히 발		
	6.20	베른 착	· 세레솔 대통령과 회견(6.21) · 루체른(6.23~24)	6.25 集議院 폐지
	6.29	베른 발	· 로잔 경유	
	6.29	제네바 착	· 일본에서 급히 귀국 명령(7.9)	
	7.15	제네바 발		
프랑스	7.15	리옹 착	· 생사공장 등 견학	
	7.17	리옹 발	· 시내와 해안가 등 견학	
	7.18	마르세유 착	· 귀국의 길로 들어섬	
	7.20	마르세유 발	· 나폴리, 지중해, 포트사이드, 수에즈운하, 아덴, 아라비아해, 실론섬, 벵골만, 말라카해협, 싱가포르, 사이공, 홍콩, 상하이 등을경유	· 7.28 지조개정 조례 등 공포 · 8.17 사이고 다카모리 견한사절로 내정
일본	9.13	요코하마 착	· 나가사키(9.6~7),고베(9.9~11)경유 · 이와쿠라 사절단, 正院에 복명	

부록 2. 출발시의 이와쿠라 사절단

* 메이지 4년 11월 12일. 말미의 한 사람은 현지에서 참가.

사절단 직명	관명	씨명	출신(연령)	그 후의 경력
특명전권 대사	우대신	이와쿠라 도모미 (岩倉具視)	구게 (公家, 47)	메이지 헌법체제의 기초를 굳히는 데에 전심함. 사후 태정대신
특명전권 부사	참의	기도 다카요시 (木戸孝允)	조슈 (長州, 39)	문부경 · 내각고문
	대장경	오쿠보 도시미치 (大久保利通)	사쓰마 (薩摩, 42)	내무성 창설, 내무경
	공부대보	이토 히로부미 (伊藤博文)	조슈(31)	내각총리대신, 추밀원의장
	외무소보	야마구치 마스카 (山口尚芳)	히젠 (肥前, 33)	참의원의관, 귀족원의원
1등서기관	외무소승	다나베 다이이치/다이이치(田辺泰一/太一)	막부의 신하 (幕臣, 41)	원로원의관, 귀족원의원
	외무성 6등출사	가 노리유키 (何 礼之)	막부의 신하 (32)	원로원의관, 귀족원의원
	대장성 1등서기	후쿠치 겐이치로 (福地源一郎)	막부의 신하 (31)	도쿄일일신문사 사장, 중의원의원
2등서기관	외무소기	와타나베 고키 (渡辺洪基)	후쿠이 (福井, 25)	제국대학 총장, 귀족원의원
	외무성 7등출사	고마쓰 사이지 (小松濟治)	와카야마 (和歌山, 25)	대심원판사, 민사국차장
	외무성 7등출사	하야시 도사부로 (林董三郎)	막부의 신하 (22)	각국공사, 외무대신, 체신대신

	외무성 7등출사	나가노 게이지로 (長野桂次郎)	막부의 신하 (29)	공부성광산료7등출사, 개척사어용괘
3등서기관	외무성 7등출사	가와지 간도/간도 (川路簡堂/寬堂)	막부의 신하 (28)	외국문서과장, 여학교교장
4등서기관	외무대록	안도 다로 (安藤太郎)	막부의 신하 (26)	홍콩영사, 외무성통상국장
	문부대조교	이케다 마사쓰네 (池田政懋)	히젠(24)	텐진영사, 나가사키세관장
대사수행	효고현 권지사	나카야마 노부아키 (中山信彬)	히젠(30)	외무권대승겸2등법정관, 오사카증권거래소장
	식부조	이쓰쓰지 야스나카 (五辻安仲)	구게(27)	궁내성어용괘, 작위국차관
	외무대기	노무라 야스시 (野村 靖)	조슈(30)	추밀고문관, 내무대신, 체신대신
	가나가와현 대참사	우쓰미 다다카쓰 (內海忠勝)	조슈(29)	각 지방장관, 내무대신, 귀족원의원
	권소외사	구메 구니타케 (久米邦武)	히젠(33)	수사관편수관, 제국대학문과 대학교수, 와세다대학교수
이사관	호적두	다나카 미쓰아키 (田中光顯)	도사 (土佐, 29)	원로원의관, 경시총감, 귀족 원의원, 궁내대신
수행	조세권두	야스바 야스카즈 (安場保和)	히고 (肥後, 37)	각 지방장관, 귀족원의원
	조세권조	와카야마 노리카즈 (若山儀一)	도쿄 (東京, 32)	보험학을 일본에 수입 소개.
	대장성 7등출사	아베 히소무 (阿部潛)	막부의 신하 (33)	아키타현 광산경영, 양잠 · 양조사업 등
	대장성 7등출사	오키 단조/모리카타 (沖 探三/守固)	돗토리 (鳥取, 31)	각 지방장관, 원로원의관, 귀족원의원
	조세권대속	도미타 미치야스 (富田命保)	막부의 신하 (34)	
	검사대속	스기야마 가즈나리 (杉山一成)	막부의 신하 (29)	필라델피아 박람회 사무관, 내무소서기관

	검사대속	기치오 신타로 /나가마사 (吉雄辰太郎/永昌)	히젠 /나가사키 (長崎)	
이사관	시종장	히가시쿠제 미치 토미(東久世通禧)	구게(39)	원로원 부의장, 귀족원 및 추밀원 부의장
수행	궁내대승	무라타 쓰네미치 /신파치 (村田經滿/新八)	사쓰마 (36)	세이난(西南)전쟁시 사이고 군2대 대장, 전사
이사관	육군소장	야마다 아키요시 (山田顯義)	조슈(28)	원로원의관, 육군중장, 사법 대신, 법률편찬에 참가.
수행	병학대교수	하라다 이치도 (原田一道)	막부의 신하 (42)	육군소장, 원로원의관, 귀족원의원
이사관	문부대승	다나카 후지마로 (田中不二麿)	오와리 (尾張, 27)	문부대보, 각국공사, 추밀고문관, 사법대신
수행	문부중교수	나가요 노리쓰구 /센사이 (長与秉繼/專薺)	히젠(34)	동경의학교장, 내무성위생국 장, 원로원의관, 귀족원의원
	문부성 7등출사	나카지마 나가모토 (中島永元)	히젠(28)	원로원의관, 귀족원의원
	문부중교수	곤도 마사쓰구 /야스조(近藤昌綱 /鎮三)	막부의 신하 (23)	베를린 공사관 근무
	문부중교수	이마무라 가즈로 (今村和郎)	도사(26)	참의원의관보, 법정국법정 부참사관, 귀족원의원
	문부성 9등출사	우치무라 고헤이 (內村公平)	야마가타 (山形)	도쿄외국어학교장, 문부권 대서기관
이사관	조선두	히다 다메요시 (肥田爲良)	막부의 신하 (42)	해군기관총감, 제15은행 창립에 관여
수행	광산조	오시마 다카토 (大島高任)	이와테 (岩手, 46)	부석제철소 설립, 공부대기장, 광산국장
	철도중속	우류 신 (瓜生 震)	후쿠이(19)	다카시마탄광회사 나가사키 지점장, 회사중역

이사관	사법대보	사사키 다카유키 (佐々木高行)	도사(42)	시보, 원로원부의장, 참의, 공부경, 궁중고문관, 추밀고문관
수행	사법권중판사	오카우치 시게토시 (岡内重俊)	도사(30)	원로원의관, 귀족원의원
	사법권중판사	히라가 요시타다 (平賀義質)	지쿠젠 (筑前, 46)	하코다테 재판소장, 검사국판사
	사법권소판사	나가노 후미아키 (長野文炳)	오사카 (大阪, 18)	사법성판사, 대심원판사
1등서기관	외무대서기	시오다 사부로 /아쓰노부(塩田三朗/篤信)	막부의 신하 (29)	외무소보, 베이징특명전권공사. 사절단수뇌와 동시에 발령을 받았으나, 미국 현지에서 참가하였음. 출발시의 멤버는 아님.

주) 『環瀛筆記』(구메 미술관 소장) 및 다른 자료들을 참고하여 작성함. 연령은 출발시의 나이. 출신, 그 후의 경력과 약간의 관명을 추가하였음.

저자 다나카 아키라(田中彰)

1928년 야마구치(山口)현에서 출생

1953년 도쿄 교육대학 문학부 졸업

일본근대사 전공

현재 홋카이도 대학 명예교수

저서: 『岩倉使節團の歷史的硏究』, 『小國主義―日本の近代を讀みなおす』, 『岩倉使節團『米歐回覽實記』』, 『明治維新』(이상 岩波書店) 외

교주(校注): 『特命全權大使 米歐回覽實記』(이와나미문고, 5권), 『日本近代私事大系』(岩波書店) 외

역자 현명철

1960년 출생

1986년 서울대학교 역사교육과 졸업

1995년 일본 홋카이도 대학 대학원 박사학위 취득

일본근세근대사 전공

현재 한일관계사학회 연구이사

저서: 『19세기 후반의 대마주와 한일관계』(국학자료원), 『독도와 대마도』(공저, 지성의 샘) 외

역서: 『전쟁책임』(논형출판사)

한림신서 일본학총서 발간에 즈음하여

1995년은 제2차 세계대전이 끝나고 우리나라가 일본 식민지에서 해방된 지 50년이 되는 해이며, 한 · 일간에 국교정상화가 이루어진 지 30년을 헤아리는 해이다. 한일 양국은 이러한 역사를 되돌아보면서 앞으로 크게 변화될 세계사 속에서 동북아시아의 평화와 번영을 추구해야 하리라고 생각한다.

한림대학교 일본학연구소는 이러한 역사의 앞날을 전망하면서 1994년 3월에 출범하였다. 무엇보다도 일본을 바르게 알고 한국과 일본을 비교하면서 학문적, 문화적인 교류를 모색할 생각이다.

본 연구소는 일본학에 관한 자료를 수집하고 제반 과제를 한 · 일간에 공동으로 조사 연구하며 그 결과가 실제로 한 · 일관계 발전에 이바지할 수 있도록 노력하고자 한다. 그러한 사업의 일환으로 여기에 일본에 관한 기본적인 도서를 엄선하여 번역 출판하기로 했다. 아직 우리나라에는 일본에 관한 양서가 충분히 소개되지 못했다고 느껴지기 때문이다.

본 연구소는 조사와 연구, 기타 사업이 한국 전체를 위해야 한다고 생각하며 한 · 일 양국만이 아니라 다른 여러 나라의 연구자나 연구기관과 유대를 가지고 세계적인 시야에서 일을 추진해 나갈 것이다. 그러므로 누구나 열린 마음으로 본 연구소가 뜻하는 일에 참여해 주기를 바란다.

한림신서 일본학총서가 우리 문화에 기여하고 21세기를 향한 동북아시아의 상호 이해를 더하며 평화와 번영을 증진시키는 데 보탬이 되기를 바란다. 많은 분들의 성원을 기대해 마지않는다.

1995년 5월

한림대학교 일본학연구소